# 難民問題と『連帯』

EUのダブリン・システムと地域保護プログラム

*Refugee and Solidarity:*
*EU Dublin System and Regional Protection Programme*

中坂恵美子［著］

東信堂

# はじめに

　国際社会の中で安定した主体としての地位をもつ国家とは異なり、他に例を見ない地域的国際組織であるEU(European Union、欧州連合)は常にその存在のあり方を模索している。走り続けていないと倒れてしまう自転車のように改革を続けてきているが、それは本書で扱った難民に関する分野でも同様である。庇護や移住の問題が1999年にEUの権限に入ってから10年が経ったが、その10年の間にEUとしての様々な制度が制定されてきた。その1つである欧州共通庇護制度と呼ばれるものについては、現在、「欧州庇護法」というべきものが形成される過程にある。本書はその全部を扱っているわけではなく、その中で、欧州庇護法形成を促進させる要因ともなっているダブリン・システムに焦点をおいている。そのことによって、人の自由移動が確保される域内市場の確立という経済的な要請によりつくられた仕組みが人権という観点から改良を求められ、難民問題におけるEU構成国間の「責任の分担」や「負担の分担」そして「連帯(solidarity)」という理念が語られるようになっていく過程をおってみた。そして、その責任の分担や連帯という理念は対外的な側面でも問題となっている。こうして、EUは他の国も含めた国際的な場面での連帯及び責任の分担へ向かって難民問題を一歩ずつ進めている側面もある。

　世界的な難民受け入れにおける負担分担のための体制の構築の必要性と困難性は、以前から指摘されていた(Goodwin-Gill, G.S., *The Refugee in International Law*, Ver. 2nd, Clarendon, 2007, p.251, 本間浩「日本の難民制度」難民問題研究フォーラム編『難民と人権　新世紀の視座』(現代人文社、2001年)23頁)。UNHCRは、21世紀になって

から、コンベンション・プラスという活動の中で、国際的な協力の中での難民問題の恒久的解決の模索に力を入れるようになっている。そのような動きの中で、EUの対内的及び対外的な連帯及び責任の分担、さらには負担の分担という議論と試みは、1つの実験モデルとして、他の国々にも参考となるものである。

　本書の構成の概要は次のようである。まず、本書の理解を容易にするための最少限のEU/ECの知識を示しておく。そして、第1章でEUそしてその前身のECにおける人の自由移動の発展と欧州共通庇護政策の発展の概要を説明する。ここでは、特に、自由な域内市場の確保という観点からはじまった欧州共通庇護政策に「連帯」という視点が加わっていく過程を確認しておきたい。第2章では、ダブリン規則を中心に、ダブリン・システムの仕組みを説明する。ダブリン・システムとは、簡潔に述べれば、EU構成国のどこかの国において庇護申請が申し立てられた場合、その庇護申請はルールによって決められた1つの構成国のみが責任を負って審査を行うという制度のことである。そして、実際にどのようにそのシステムが動いていたのかを委員会の報告書から抜粋して理解する。第3章で、そのダブリン・システムがもつ問題点を検討する。ダブリン・システムの目的である庇護のたらい回しとアサイラム・ショッピングの防止という点で効果をあげたのかという問題と、ダブリン・システムによって生じてきた派生的な問題を検討する。ダブリン・システムによって欧州庇護法のいっそうの調和が必要となり、また、連帯や責任の分担という側面が強調されていく過程をみていきたい。第4章では、対外的な問題を取り上げる。経済的移民を含めた人の流入に対処するために、域外での庇護審査という発想が生まれ、難民の出身国や経由国における難民への保護対応力の強化を目的とする地域保護プログラムへと変化して行き、そして、その問題とからんで第三国定住制度が議論される中で強調されるようになったEU構成国以外の国々との「連帯」および責任の分担の問題である。最後に、補章として、EUが庇護政策・庇護法を欧州化させるのに応じて、NGOや研究者の中でもネットワーク形成が進んでいる様子を紹介したいと思う。

　筆者は以前から、EU/ECにおける人の自由移動に関心をもってきた。二国間での経済連携協定や地域的経済統合が世界中で形成されている今日でも、人の自由移動を保障するような仕組みをもつ経済統合は少数である。その中で労

働者と自営業者の自由移動を初めから規定していたEU/ECが、当時そのような選択を行った背景やその後の自由移動の発展についての研究に取り組んでいる。第三国国民の問題はその後の発展の一側面であり、本書で取り扱った難民の問題はその第三国国民の問題の1つである。EUという日本とは異なる要素が多い地域の話ではあるが、難民問題をはじめ人の移動や外国人問題に関心をもつ方たちに興味をもっていただければ幸いである。

目次／難民問題と『連帯』―EUのダブリン・システムと地域保護プログラム―

はじめに ........................................................ iii
凡　例 ........................................................... xi

# EU/ECに関する基礎的な予備知識 ................... xiii
1　EU/ECの組織的変遷　　　　　　　　　xiii
2　EU/ECの意思決定と機関　　　　　　　xv
3　EU/EC法の種類　　　　　　　　　　　xvii

# 第1章　EU/ECにおける人の自由移動の発展と欧州共通庇護政策の発展の概要 ................ 3

### 第1節　域内市場の確立と人の自由移動　　　3
1　経済活動を行う人の自由移動が保障された共同市場　　3
2　第三国国民と自由移動　　　　　　　　　　　　　5
3　マーストリヒト条約と庇護に関する政府間合意　　　8
4　冷戦終結前後からのEUへの避難民の増減　　　　10

### 第2節　欧州共通庇護政策の発展の概要　　　13
1　アムステルダム条約とタンペレ欧州理事会　　　　13
2　タンペレ・プログラムの第二段階？＝ハーグ・プログラム　　17
3　ニース条約、リスボン条約　　　　　　　　　　　20
4　2007年のグリーン・ペーパー、2008年委員会通知、「欧州移民・庇護協定」
　　―欧州共通庇護制度のさらなる発展　　　　　　24
5　2009年委員会通知とストックホルム・プログラム　　26
　　―「市民の欧州の建設」

### 第3節　小括　　　　　　　　　　　　　　　29

# 第2章　ダブリン・システムの内容と実績 ........... 39

### 第1節　ダブリン・システムの背景　　　　　39
1　自由移動の保障された域内市場　　　　　　　　40

2　ダブリン・システム発展の歴史　　　　　　　　41
第2節　ダブリン規則の構成と内容　　　　　　　　　42
　　1　ダブリン規則の概要　　　　　　　　　　　　42
　　2　ダブリン規則が規定しないこと　　　　　　　45
　　3　審査責任国決定の基準　　　　　　　　　　　47
　　4　庇護申請者の引き受け及び引き取り　　　　　49
第3節　ユーロダックの概要　　　　　　　　　　　　51
第4節　前身のダブリン条約との相違点　　　　　　　53
第5節　ダブリン規則の実績　　　　　　　　　　　　54
　　　　―委員会の2007年報告書及び附属文書
　　1　ダブリン規則の実績　　　　　　　　　　　　54
　　2　ユーロダックの実績　　　　　　　　　　　　62
　　3　ダブリン規則の効果的な適用に関する分析　　64
　　4　ダブリン・システムによって生じた人の流れの分析　64
　　5　報告書全般に対する批判とその後の委員会の動き　68

# 第3章　ダブリン・システムの争点 ……………73

第1節　ダブリン・システムは機能したのか　　　　　73
　　1　庇護のたらい回しとアサイラム・ショッピング　73
　　　　―目的は達成できたか？
　　2　責任の引き受け及び引き取り並びに移送　　　76
　　　　―仕組みは想定通りに働いたか？
第2節　庇護申請者の権利という観点からの考察　　　79
　　1　実質的な審査を受ける機会の保障　　　　　　79
　　2　家族の統合　　　　　　　　　　　　　　　　82
　　3　拘禁及び上訴―手続きにおける法的セーフガード　85
　　4　裁量条項と欧州人権条約　　　　　　　　　　88
第3節　庇護国決定の基準　　　　　　　　　　　　　90
　　1　申請者が申請国を選ぶ権利　　　　　　　　　90
　　2　申請を審査する国家の義務とその解除　　　　91
　　3　基準の適正さ　　　　　　　　　　　　　　　92
　　4　統合のしやすさという基準　　　　　　　　　94

第4節　特定の国（EUの外囲国境を形成する国）への負担　95
  1　当初からの懸念　95
  2　委員会の認識とそれへの反論　96
  3　移送の停止その他の措置による対策　98
  4　リロケーションと欧州庇護支援事務所　99
  5　大量避難民の一時的保護　101
  6　欧州難民基金とその改正　103

第5節　各構成国における庇護法及び実施の違い　106
  1　難民の定義の違い　107
  2　T. I. 対UK事件　108
  3　難民認定率の差　112
  4　審査手続きの違いからくる待遇の違い　114

第6節　庇護法の調和の進展　115
  1　難民の地位の承認及び内容に関するルールの接近／補完的な保護を必要とする人へ適切な地位を付与する補完的な保護の形態に関する措置→「資格指令」　115
  2　公正で効率的な庇護手続のための共通の基準→「手続き指令」　118
  3　庇護申請者の受け入れの共通の最低条件→「受け入れ指令」　124

第7節　小　括　125

# 第4章　対外的側面　135

第1節　域外審査構想から地域保護プログラムへ　135
  1　移民の流れの管理と域外審査構想　135
  2　地域保護プログラムの始動　145
　　　　—ウクライナにおけるパイロット・プログラム
  3　ウクライナにおける地域保護プログラムによる活動とその成果　149
  4　現場で活動している人たちの声　153

第2節　第三国定住　157
  1　UNHCRと第三国定住　157
  2　EUと第三国定住　159

第3節　小　括　162

補　章　市民社会のネットワーク形成 …………… 169
　1　NGOネットワーク　　　　　　　　　　169
　2　研究者ネットワーク　　　　　　　　　　175

おわりに……………………………………………… 179

　　索　引　　　　　　　　　　　　　　　　185

◎装幀：Craft

## 凡　例

(1)　COM及びSEC文書は委員会が作成する文書である。(　)内は発表年である。

　　例えば、Commission Communication from the Commission to the Council and the European Parliament on Immigration and Asylum Policies, COM (94) 23finalは、委員会が1994年に発表した文書のことである。本書ではCOM (94) 23finalと年を略記する。

(2)　OJC及びOJLは*Official Journal of the European Communities*又は*Official Journal of the European Union*のLシリーズ(立法)又はCシリーズ(情報や告知的な性格をもつもの：裁判所の判決要旨、議会の議事録、EU法に従って出される文書等多くのものが含まれる)を指す。例えば、OJC274/13-17, 1995は、1995年の*Official Journal of the European Communities* C274の13-17頁のことである。

　　ただし、OJLの場合、立法の制定年がOfficial Journalの発行年と同じ場合は、発行年は本書では記述しない。例えば、Council Regulation (EC) No 2007/2004 of 26 October 2004 establishing a European Agency for the Management of Operational Cooperation at the External Borders of the Member States of the European Union, OJL 349/1-11は、2004年に採択された理事会規則2007/2004で、2004年の*Official Journal of the European Communities* L349の1-11頁に掲載されているという意味である。

(3)　A6-0287/2008等で示されるのは、欧州議会の文書である。

　　例えば、European Parliament, Report on the evaluation of the Dublin system, Committee on Civil Liberties, Justice and Home Affairs, A6-0287/2008は、2008年に議会の市民的自由・司法及び内務問題委員会で出された報告書である。

# EU / ECに関する基礎的な予備知識

　以下にはEU/EC研究者や関係実務家でない方のために、その組織的変遷の簡略な歴史、意思決定手続きとそれにかかわる機構、EU/EC法について簡単に説明しておく。本書の理解のために必要な最少限の説明なので、詳しく知りたい方は他の本を参考にしてほしい[1]。

## 1　EU/ECの組織的変遷
### 組　織
　EUの前身はEuropean Communitiesと複数形であらわされるECである。この複数形の場合のECは、出発点では、欧州石炭鉄鋼共同体、(European Coal and Steel Communitiy、以下、ECSC)、欧州経済共同体 (European Economic Community、以下、EEC)、および欧州原子力共同体(Euratom、European Atomic Community、以下、ユーラトム)の3つをさす。ECSCが最も早く、1951年に設立条約が調印され1952年に発効しているが、2002年に消滅し現在は存在しない組織である。ユーラトムは1957年に設立条約が調印され1958年に発効した。EECも同様であるが、1993年にこれ自体の名称がECへと変更されることになる。第二次世界大戦後、まずはドイツの石炭・鉄鋼という資源を共同管理しようという動きが始まり、それが経済全般の市場統合へと拡大し、また、新たな資源である原子力に関しても対象とするようになったという経緯で、3つとも経済的統合のための共同体である。3共同体の機関は、1967年に統合されて共通なものとなった。
　1993年の組織改革は、1992年に採択された欧州連合条約(Treaty on European

Union、以下、マーストリヒト条約、ただしこれ以降の改正後のものはEU条約)によるもので、同条約により、政治的な分野も含んだEUが誕生した。すなわち、ECSC、EC、ユーラトムの3つがやはり複数形でECと表されるようになるが、それはEUの中の第一の柱として位置づけられた。そのほかに、第二の柱としての「共通外交・安全保障政策」(Common Foreign and Security Policy, CFSP)と第三の柱としての「司法・内務協力」(Justice and Home Affairs, JHA)が設けられ、EUという組織はその全体を覆うものとして生まれたのである。

その後、1997年に採択され99年に発効したアムステルダム条約によるEU条約の改正で、第三の柱の一部が第一の柱であるEUに移され、第三の柱の名称は「警察・刑事司法協力」(Police and Judicial Cooperation in Criminal Matters, PJCC)と変更された。第二の柱には、90年代以降軍事協力を含む「欧州安全保障・防衛政策(Europe Security and Defense Policy, ESDP)とよばれるものが含まれるようになる。第二、第三の柱では、意思決定手続きが次に見るような第一の柱で通常用いられてきた立法手続きとは異なり、それぞれの加盟国の意思がより反映されるものとなっていた。

2003年にEU条約は再びニース条約によって改正されるがこのときの改正は東方への拡大にそなえるためEU内の機関のあり方や投票手続きを変更するためのもので、EUとしての組織変更はない。そして、三度目のEU条約改正のためのリスボン条約が2007に調印され2009年に発効したが、それにより柱構造はなくなり、ECという名称も消え、すべてがEUという単一の次元でとらえられるようになった。ただし、共通外交・安全保障政策は、従来のEC条約を置き換えたEU運営条約(Treaty on the Functioning of the European Union)の枠外におかれ、意思決定手続きなどは他の分野とは異なるままである。

拡　大

原加盟国は、ベルギー、ドイツ、フランス、イタリア、ルクセンブルグ、オランダの6カ国である。1973年にデンマーク、アイルランド、イギリス(第一次拡大)、1981年にギリシャ(第二次拡大)、1986年にポルトガルとスペイン(第三次拡大)、1995年にオーストリア、フィンランド、スウェーデン(第四次拡大)、2004年にキプロス、チェコ、エストニア、ハンガリー、ラトヴィア、リトアニア、

マルタ、ポーランド、スロヴァキア、スロヴェニア、2007年にブルガリアとルーマニアが加盟し（2005年と2007年合わせて第五次拡大）、現在は27カ国である。27カ国の総面積は434万平方キロメートル（日本の11.4倍）、総人口は4億9674万人（日本の3.9倍）の規模である。

　現在、加盟候補国の地位を得ているのはクロアチア、トルコ、マケドニアの3カ国である。その他、加盟申請を行った国としてモンテネグロ、アルバニア、アイスランドがある。

## 2　EU/ECの意思決定と機関

### 立法にかかわる主な機関

　大まかにとらえて、EUの利益を代表する委員会、市民を代表し民主的な統制の役割を期待される欧州議会、構成国の利益を代表する理事会という3つが立法にかかわる機関として存在する。

**委員会(Commission)**：各国から1人の委員が出て、委員長を含めて合計27人で構成される機関である。各委員のもとに総局（農業・農村開発総局、経済・金融総局、司法・自由・安全総局、欧州援助協力局、予算総局など）が置かれており、行政執行機関としての役割をもつが、法案提出権という立法過程における重要な役割ももつ。

**理事会(Council, Council of Ministers)**：構成国の大臣によって作られる組織であるが、どの大臣により構成されるのかは、扱う問題によって異なる。例えば、総務理事会、外務理事会、経済・財政理事会、司法・内務理事会などがあるが、それぞれ構成国から担当の閣僚が出されることになる。欧州議会とともに、立法過程にたずさわる機関である。

**欧州議会(European Parliament)**：各加盟国の人口比に応じて議員数が配分されており、ドイツの99人からエストニア、キプロス、ルクセンブルグ、マルタの各6人まで、合計754人の議員からなる。各加盟国において直接選挙によって選ばれるが、欧州議会においては国をこえた政党を形成して行動している。法案の審議、議決にかかわる。

## 立法手続き

　委員会、欧州議会、理事会のそれぞれの機関に与えられた権限の程度の差によって以下のような手続きに分けられる。どの手続きが用いられるのかは、それぞれの分野によって異なり、条約に規定されている。共同決定手続きは議会の権限を強化するためにマーストリヒト条約により導入されたものであるが、リスボン条約でこれが通常の立法手続きと明記されることになった。諮問手続き、協力手続き、共同決定手続き、という順に議会の権限が大きくなる。逆に述べれば、理事会の権限が絶対的ではなくなり、各国が自国の利益を擁護する機会がそれだけ減っていくことになる。詳細は略すが、理事会での裁決が特定多数決（国別に割り振られた加重投票数の中で一定の条件を満たした賛成票がある場合に可決される）か全会一致かという点も、構成国が自国の利益をどこまで守ることができるのかを左右する。理事会における全会一致投票は各構成国それぞれに拒否権があるということである。

**無諮問手続き**：委員会が提案し理事会が決定するのみで成立する手続き。

**諮問手続き**：委員会が法案を提出し、議会に諮問を行う。議会は意見の表明を行うことができるだけでありその意見に法的な拘束力はないが諮問を行わなければ手続き上瑕疵があり無効とされる。その後、理事会によって決定される。

**協力手続き**：委員会が提案し、議会に二度の審議の機会がある手続き。

**同意手続き**：委員会が提案し、議会が同意した上で理事会が決定するもので、議会に拒否権が認められているという手続きである。

**共同決定手続き**：委員会が理事会と議会に提案した後、議会には三度の審議の機会があり、最終的に理事会が決定を行う手続きである。議会は委員会の提案に対して、意見を修正でき、その場合、理事会は、特定多数決により議会の修正案を承認してそのまま採択するか、意見が異なる場合は「共通の立場」を採択しそれを議会に送付することができる。また、議会が修正を提出しない場合は、理事会は提案を採択することができる。理事会が「共通の立場」を送付した場合、議会がそれを承認するか何も決定を行わない場合、「共通の立場」が採択されることになる。議会が「共通の立場」を拒否をする場合は、提案は採択されなかったこととなる。議会は委員会および理事会へ修正案を出すこともできる。議会の修正案に対して委員会は意見を表明することができ、理事会は決定を行う。

理事会が議会の修正案を承認する場合、理事会の投票は特定多数決でよいが、委員会が否定的な意見を表明した場合には全会一致でなければならない。理事会が議会の修正案をすべて受け入れられない場合は、理事会と議会の構成員からなる調停委員会において作業が行われる。そこで作成された共同案が両機関によって承認されたら、最終的に採択されることになり、それ以外の場合は不採択でこの手続きが終了する。

また、共通外交・安全保障政策の分野では、「共通の立場」「共同行動」「共通戦略」等の決定が行われるが、これは全会一致が原則である。

### その他の主な機関

欧州理事会(European Council)：構成国の各首脳と委員会の委員長によって構成される協議機関で、政策決定が行われる。立法にはかかわらない。半年交代の議長国により運営され、開催される都市の名前を冠して呼ばれる。例えば、1999年のタンペレ欧州理事会とは、1999年にフィンランドが議長国となりタンペレで開催された欧州理事会ということである。リスボン条約で常任議長(いわゆるEU大統領)が設けられ初代はファン＝ロンパイ元ベルギー首相である。

欧州司法裁判所(European Court of Justice, ECJ)：直接訴訟と先決裁定手続きを行う。先決裁定手続きは、加盟国の国内裁判所における訴訟においてEU/EC法上の問題が生じた場合に、その問題をECJに付託し先決裁定(先行判決)をもらう手続きである。通常は加盟国のどの段階の裁判所でも行うことができるが、特別の規定が設けられる場合もある。一定の問題に関しては、第一審裁判所が第一審として管轄権を有し、司法裁判所は法律問題に関しての控訴裁判所となる。

### 3  EU/EC法の種類

主なものとして次の種類をあげておく。

第一次法：すでに見た設立条約や改正条約は第一次法と呼ばれる。改正条約には上記のもの以外に、1986年に署名され87年に発効した単一欧州議定書(Single European Act)も含まれ、改正条約以外には加盟条約なども第一次法である。

第二次法：派生法として「規則」(regulation)「指令」(directive)「決定」(decision)「勧

告」(recommendation)および「意見」(opinion)がある。規則は一般的適用性をもち、構成国において直接適用可能な法、すなわちその実施のために国内法制定を必要としないものである。「指令」はその実施のための形式や手段を構成国に任されている法である。必ずしも立法が必要でない場合もあるが、指令の完全な実施は求められる。「決定」は特定の名宛人に対してあてられた法であるところが、規則とは異なる。上記3つがいずれも義務的であるのに対して、「勧告」および「意見」は拘束力を有しない。

【注】
1 　ここで主に参考としたのは、庄司克宏『EU法　基礎篇』(岩波新書、2003年)、鷲江義勝編著『リスボン条約による欧州統合の新展開　EUの新基本条約』(ミネルヴァ書房、2009年)、外務省「EU事情と日・EU関係」2010年5月、<http://www.mofa.go.jp/mofaj/area/eu/pdfs/jijyou_kankei.pdf>である。

# 難民問題と『連帯』

――EUのダブリン・システムと地域保護プログラム――

# 第1章　EU/ECにおける人の自由移動の発展と欧州共通庇護政策の発展の概要

　本章では、EU及びその前身のECにおける庇護政策の発展、そしてその前提となる域内の人の自由移動の発展、欧州における庇護申請者の増減についてみていく[1]。

## 第1節　域内市場の確立と人の自由移動

### 1　経済的活動を行う人の自由移動が保障された共同市場

　商品、資本、人及び役務が自由に移動できる共同市場は、EU及びその前段階のEECの基本理念である。EEC設立当時は戦後の労働力不足が問題となる時代であり、EEC以前にも、ECSC、欧州経済協力会議(Committee for European Economic Co-operation、CEEC：1947年に設立し1948年に欧州経済協力機構、Organization for European Economic Co-operation、OEECへ改組)が、石炭採掘又は鉄鋼製造の職業において認められた資格を持っている者の雇用に対して[2]、あるいは自国内の労働者の中に雇用を満たすために適当な者が見つけられない時に[3]、一定の条件の下で、他の構成国国民へ雇用を解放していた。実際は設立に至らなかった欧州防衛共同体(European Defense Community)の条約起草のための交渉の中で、欧州政治共同体(European Political Community)をつくる計画も進んでいたが、そこでも人の自由移動をともなった共同体が構想されていた。すなわち、1953年3月に採択された「欧州政治共同体規定に関する条約草案」の第82条1項は、商品移動、資本移動、個人の居住の自由を含む共同市場の設立を規定していたのである[4]。

他国民の出入国の管理は、グローバリゼーションがすすんだ現在でも国家の専決的な権限であると考えられており、国家がその権限を放棄することはあまりなく、EU構成国間での自由移動の保障は国際社会の中で例外的なものである。それには、戦後の疲弊した欧州の復興という文脈で、共同市場の創設が至上の命題であったという事情がある。

　1958年に発効したEECの設立条約であるローマ条約（Treaty establishing the European Economic Community）は、第3条において、「共同体は、前条に掲げる目的のため、この条約に定める条件及び進度に従い、次のことを行う。……(a)構成国間の商品の輸入及び輸出に関する関税及び数量制限並びにこれらと同等の効果を有する他のすべての措置の撤廃、……(c)構成国間の人、役務及び資本の自由移動に対する障害の除去……」と、共同体の活動目的の1つに人の自由移動が、商品、役務、資本とともに4つの自由移動の1つとして掲げられ、第3編に、「人、役務及び資本の自由移動」という表題の下、労働者（第48条ないし第51条）、自営業者及び会社経営者（第52条ないし第58条）、並びに役務の供給者（第59条ないし第66条）に関する自由移動が規定されることになった。

　その後、1986年に採択された単一欧州議定書は、1992年12月31日までに域内市場の完成を目指した文書で、これによりローマ条約に第8a条が追加されたが、同条では、「域内市場とは商品、人、役務及び資本の自由移動が確保されている域内国境のない領域」であると定めていた。この文言は、後述する諸改正条約によっても継承されてきた。すなわち、1992年採択のマーストリヒト条約による改正でEC条約第7a条、1997年採択のアムステルダム条約による改正で同第14条、そして2007年採択のリスボン条約による改正で第26条として受け継がれていったものである。果たして、1992年末までに域内市場がほぼ完成し[5]、90年12月から進められていた政府間会議で起草されたマーストリヒト条約が92年に署名されることになったが、それは、それまでの経済共同体であったECを政治連合であるEUへと大きく変える枠組みを提供したものであった。経済統合に加え政治的な統合へという発展にともなって、経済活動を行う人たちの移動の自由は、人の移動の自由の一般へと置き換えられた。すなわち、「ここに連合の市民権が確立される。構成国の国籍を持つすべての人は、連合の市民となる」（第8条）、「連合のすべての市民は、この条約に規定された制限及び条件に

従って、かつそれを実行するためにとられた措置によって、構成国の領土内を自由に移動しかつ居住する権利を持つ」（第8c条）という規定が設けられ、連合市民権としての移動の自由が確立したのである。ただし、この規定が定める移動は条約に規定された制限及び条件に従うと書いてあり、無条件な移動の自由が確立したわけでない。つまり、第8c条は、人の移動の自由に関する一般的な規定であるという点では、前述したローマ条約の第3条(c)と同じ地位を占めるであろう。しかし、これら2つの条項には異なる面がある。それは、ローマ条約第3条は、人の移動の自由を、「共同体」が構成国間の「人」の「自由移動に対する障害の除去」「を行う」というように共同体の義務として規定しているのに対して、マーストリヒト条約第8c条は、「連合のすべての市民」は「構成国の領土内を自由に移動し居住する権利を持つ」というように、市民の権利として規定しているということである[6]。

## 2　第三国国民と自由移動

　ところで、EUの市民に関しては、自由移動が保障されるようになったが、それ以外の第三国国民に関しては、どうであったか。

　ローマ条約起草時においては、イタリアが余剰労働者の就職の問題に関して、共同体の領域外へも就職させることを奨励するという考えを提示しており、その考え方に対して、ベルギー代表から、共同体を超えて追及されなければならない解決策は政府間の話し合いによってしか生まれないという反対意見が出されていた[7]。イタリアの発言内容は、当初の6構成国における余剰労働者の6カ国以外への移民ということであり、6カ国以外の国からの6カ国内への移民の問題ではないが、ベルギーの答えは、外部との問題は共同体として扱うべきではないとの方向性を示していた。その後、EEC設立のために1955年6月に行われたメッシナ会議では、共同市場やその中での人の自由移動の位置づけが具体的にどのようなものであるのかが議論となったが、その時及びその後の会議において、構成国国民以外の人の問題は話題に出ることはなかった。

　以上がEEC設立当時の動向であるが、時を下って、マーストリヒト条約の成立時には、第三国国民の問題は、議論にならなかったのか。同条約は経済共同体であったECを政治連合であるEUへと大きく枠組みを変えた重要な転換軸で

あったが、政治連合を設立するにあたって、前述したように連合市民権という概念も導入した。連合市民権をもつ連合市民とは、「構成国の国籍をもつすべての人」のことで、第三国国民は除かれる。しかし、人の自由移動は第三国国民には全く無関係のこととしてとらえられていたわけではない。単一欧州議定書に付された宣言「人の自由移動に関する構成国政府による政治的宣言」[8]では、「人の自由移動を促進するために、構成国は共同体の権限を害することなく、特に第三国国民の入国、移動、及び居住に関して協力をする。…」と述べる一方で、「単一欧州議定書の第13条ないし第19条に関する一般的な宣言」[9]においては「これらの規定のいかなるものも、構成国が第三国からの移住を規制するために必要と思う措置をとる権利…に影響をあたえるものではない」と述べている。すなわち、第三国国民の移住に関する権限は構成国に残されることを明確にしながら、入国、移動及び居住に関しては、共同体の権限としてではなく、共同体の枠外の政府間協力によって協議されるべきものとして明確に宣言された。注目すべきこととして、この時期、第8a条が言及する「人」は、構成国の国民だけであるのか第三国国民も含むのかという点が議論になったが、委員会から出された意見では、第三国国民も含まれるという解釈が示されている[10]。つまり、「商品、人、役務及び資本の自由移動が確保されている域内国境のない領域」である域内市場は、第三国国民に対しても自由に移動を認めるということなのである。その結果、ECは第三国国民に対しての権限をもたないが、第三国国民の問題はEU諸国共通の関心事となることは必死で、宣言が求めたように、構成国間での協力がすすめられていった。

　そして、EU/ECの枠外で、政府間協力の結果としてこの時期に重要な文書が生まれている。締約国間での人の移動に関して国境審査の廃止を目指した1985年のシェンゲン協定(Shengen Agreement concerning the gradual abolition of the controls on their common borders：原加盟国はベルギー、オランダ、ルクセンブルグ、ドイツ、フランスの5カ国)及び1990年のシェンゲン実施協定(Convention implementing the Shengen Agreement：1993年発効、1995年から運用開始)、そして、本書第2章と第3章のテーマとなるダブリン規則の前身である1990年のダブリン条約(Convention determining the state responsible for examining applications for asylum lodged in one of the European Communities)、すなわち、同条約加盟国のどこかの

国において庇護申請が申し立てられた場合、その庇護申請はルールによって決められた1カ国のみが責任を負って審査を行うということを決めた条約である。この時期は、条約以外にも、半年ごとに行われる欧州理事会の枠組みにおいて、重要な声明や方針が出されたりしている[11]し、また、構成国の移住担当諸大臣(the Ministers of the Member States of the European Communities responsible for immigration in the Member States of the European Communities)も、1986年から会合を始めており、報告書の作成などにあたった[12]り、決議(Resolution)、勧告(Recommendation)、結論(Conclusion)、決定(Decision)といった形でいくつかの指針を打ち出している。これらの文書の中で重要なものとして、1992年の「明らかに根拠のない庇護申請に関する決議」('Resolution on manifestly unfounded applications for asylum')、「受け入れ第三国に関する問題の調和したアプローチに関する決議」('Resolution on a harmonized approach to questions concerning host third countries')及び「一般的に迫害の重大な危険性がない国に関する結論」('Conclusion on countries in which there is generally no serious risk of persecution')が挙げられる[13]。第一の決議が基本となる考え方を示し、第二の決議及び第三の結論が第一の決議を補足する役割をはたしているが、第一の決議の前文に述べられているように、これらは「構成国における庇護申請数の増加」、特に「構成国での保護の真正な必要性がない」庇護希望者からの申請に対処するために作られたものであった。すなわち、自国で迫害の恐怖にさらされているという申請者の主張に明らかに実体がない場合、主張が故意の偽りに基づいているか又は庇護手続きの濫用である場合、また、いわゆる安全な第三国において庇護をうける可能性がすでにある／あった場合などには、庇護申請を自国で行わないか、簡略化された審査手続きを適用することを可能とするという制度で、すでに各構成国レベルで進んでいた動きをEU/ECレベルでも取り入れるものであった。

　このように、難民問題はこのときまではまだEU/ECの管轄権外の問題であったので、構成国間の条約又は構成国の指導者若しくは移住問題の責任者間での政治的な取り決めといったかたちで扱われ、増加する庇護申請に対処するようになっていた。それが、前述のマーストリヒト条約の発効により、その枠組みに変化が生じることになる。

## 3 マーストリヒト条約と庇護に関する政府間合意

先に述べたようにマーストリヒト条約は経済共同体から政治連合への発展を作り出した条約であるが、政治的な分野に関する事項を経済共同体の分野とは異なった枠組みで扱うために、EUを3つの柱から構成されるものに組み変えた。庇護政策は、上記のように実質的には政府間協力が始まっていたのであるが、この条約の発効により、第三の柱である「司法・内務協力」に組み込まれることになった。マーストリヒト条約の第6編のK.1条がこの分野に入る事項を定めている。

> K.1条　連合の目的、とりわけ人の自由移動を達成するために、かつ欧州共同体の権限を害することなく、構成国は次の分野を共通の関心事とみなす。
> (1) 庇護政策
> (2) 構成国の外囲国境の人の通過及びその規則の実施を規律する規則
> (3) 入国管理政策及び第三国国民に関する政策
> 　…
> (4) (7)から(9)に入らない麻薬中毒に対する対処
> (5) (7)から(9)に入らない国際的規模での犯罪行為に対する対処
> (6) 民事に関する司法協力
> (7) 刑事に関する司法協力
> (8) 税関協力
> (9) 欧州警察機構内での情報交換のための連合規模の制度の設立との関連における、テロリズム、不法な麻薬取引その他の重大な国際犯罪を防止しそれに対処するための警察協力。…

第K.1条1項には欧州人権条約(European Convention for the Protection of Human Rights and Freedoms、1950署名、1953年発効)及び難民条約(Convention Relating to the Status of Refugees、1951年採択、1954年発効)の遵守がうたわれており、第K.2条2項には、「本編は、公の秩序の維持及び国内の安全保護に関して構成国が負う責任の行使に影響を及ぼすものではない」と書かれている。第K.3条1項では、構成国は第K.1条で挙げられた分野において行動を調整するためにお互いに協力

することを述べ、同条2項では、理事会が構成国(又は委員会)の発議によって、(a)共同の立場(Joint Position)(b)共同行動(Joint Action)(c)条約、をつくることができることを規定しているが、「庇護政策」に関しては構成国又は委員会どちらの発議によっても理事会は行動できることになっている。これらのうち条約は、そのような規定をおくことによって欧州司法裁判所の管轄が及ぶことになる。欧州議会の権限は第K.6条に規定されていたが、それによると、理事会の議長国又は委員会から定期的に情報をうける、議長国と協議する、理事会へ質問・勧告を行うといったものである。以上のように、「庇護政策」は第三の柱である「司法・内務協力」に含まれ、明示的にEUの管轄権内に入ってきたのではあるが、この分野での立法過程は、構成国が関与できるなど、第一の柱の下での通常のEC法とは異なっていた。しかし、第K.1条に挙げられている分野の一部に関して、立法手続きを第一の柱のものへと移す手段があった。第K.9条がそれで、委員会又は構成国の発議によって、理事会が全会一致で第K.1に規定された一定の分野の行動に第100c条(査証に関する手続きで、委員会の発議により議会との協議のうえで理事会の全会一致/特定多数決での採択)を適用することを決定できると規定している。「庇護政策」はこの条項がカバーする分野であり、議会から第100c条の適用の要請はあった[14]し、委員会も理事会に対して報告書を提出した[15]が、理事会が適用を決定するには至らなかった[16]。

　第三の柱の枠組みの中で作られた文書として、1996年3月の、「1951年7月28日の難民の地位に関するジュネーブ条約の第1条における『難民』という用語の定義の調和した適用に関して理事会がEU条約第K.3条に基づいて決定した共通の立場」[17]があるが、1994年の「雇用のための第三国国民の入国許可に関する決議」[18]、1995年の「庇護手続きに関する最小限の保護についての理事会決議」[19]のように、第K.3条2項に明示されていた以外の形態での文書も出されている。また、委員会は「移住に関する通知」[20]、「移民及び難民政策に関する通知」[21]や、外囲国境の越境[22]、査証[23]、入国許可[24]、第三国国民の域内国境での審査の廃止[25]等に関する提案なども出している。

　以上のように、EUは、連合市民の域内自由移動を確保するための措置として、域内国境においての入国審査を廃止する方向に進んでおり、そこでは連合市民であるか第三国国民であるかによっての区別は想定されていない[26]。したがっ

て、すでに域内に入国している第三国国民は、EUのある国から他の国へと国境審査を受けることなく移動することができることになるので、構成国にとっては、自国以外の他の構成国がどの様な第三国国民を入国させるのかということは重大な問題となる。言い換えれば、EU全体での第三国国民の入国管理という視点が避けられなくなってきたのである。そこで、EUの外囲国境[27]においての第三国国民の入国審査を厳重にするということや、どの国の国民に対して入国の際に査証を必要とするかを構成国で統一するという方向を目指して[28]、構成国政府間で、あるいはEUの機関において努力が行われてきた[29]。そして、庇護政策に関しても政治連合へと移行したことにより、明示的にその管轄権内に入ってきたのである[30]。

## 4　冷戦終結前後からのEUへの避難民の増減

　庇護政策がEUにとって重要な問題となっていったのには、以上のような域内市場の確立というEU内部の事情だけでなく、この時期、EUにやってくる庇護申請者が急激に増加したという外的な要因もある。現在EUが世界の中でどのくらいの数の難民を受け入れているのか、そして、庇護政策が規定されたマーストリヒト条約が制定されたころ、どのくらいの難民がいたのか、確認しておこう[31]。

　EUの統計によると2008年にEU構成国において保護を受けた難民申請者は約76,320人であり、その内訳は、難民の地位を受けた者40,040人、補完的な保護を受けた者25,455人、人道的な理由により保護を受けた者10,825人であった。UNHCR(United Nations High Commissioner for Refugees、国連難民高等弁務官とその事務所)の統計によると、2008年に世界中で保護を受けた庇護申請者数は210,900であり、難民が148,200人で、それ以外の補完的な保護の形態が62,700人である。したがって、EU全体で3分の1を保護したことになる。ただし、UNHCRの統計によれば欧州地域によって保護された人の数は昨年より減っており(2007年の94,000人から2008年には79,900人に減少。この場合の欧州諸国とはEU構成国以外も含めた38カ国)、これは、多くの国によるより厳しい庇護政策の導入によると同組織は分析している。世界全体での2007年に保護された庇護申請者数は209,800人なので、全体としては微増しており、欧州以外の地域はいずれも増加している中で(アフリカ地域が51,100人→60,200人、アジア地域が34,800人→

38,700人、ラテンアメリカ・カリブ地域が4,200人→5,800人、北アメリカ地域が23,900→24,300人、オセアニアが1,800人→2,000人であり）、欧州地域だけが減っているということである。

また欧州において出された庇護申請数は世界全体で出された庇護申請数と同様に増加傾向にあることからも（2006年、2007年、2008年それぞれにおいて全世界では、614,300件／653,800件／838,900件、欧州では222,410件／249,630件／283,690件）、認定数が減っているのは庇護政策の変化の効果であると考えるのが妥当であろう。

このように近年厳しい政策により保護する人の数が減少しているといわれながらも、現在世界の中でも難民の大きな受け入れ先となっているEUであるが、もう少し長期的な庇護申請数の変化に目を移してみると、グラフ1-1及び表1-1のようである。冷戦期の1985年に159,180件であったEU/EC諸国への庇護申請数は87年以降毎年5万件から10万件単位で増え、1992年に最も多く672,385件を記録した。その翌年、翌々年と急激に減少し1996年に227,805件になった後、ややなだらかに増加して2002年の421,475件で第2のピークを迎え、2006年に192,300件になるまでは再び減少傾向にあった。ちなみに、1997年以前は15カ国、1998年以降は27カ国の統計であるが、後者の構成国の増加分はそれほど

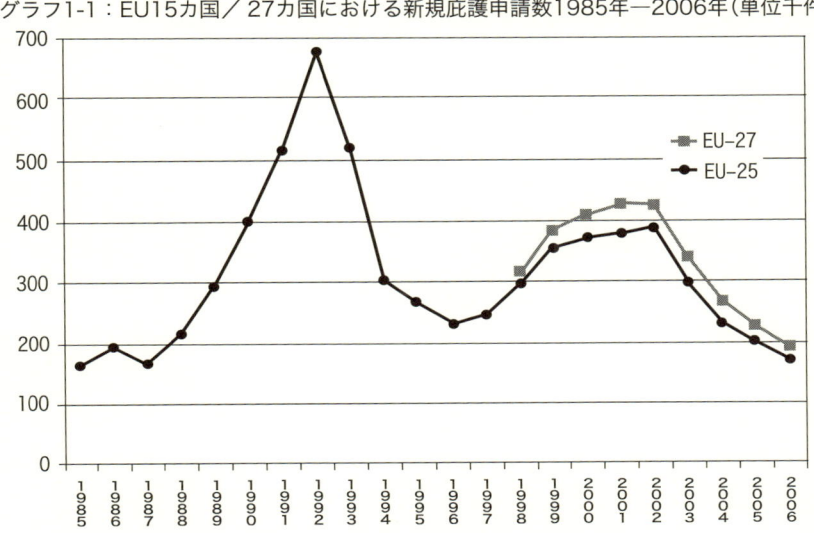

グラフ1-1：EU15カ国／27カ国における新規庇護申請数1985年―2006年（単位千件）

出典：Eurostat110/2007 Population and social conditions-statistics in focus, p.1

表1-1　1985年－2009年のEU/EC及びいくつかの構成国での庇護申請数

| 年 | EU-27 | EU-15 | ドイツ | フランス | スウェーデン | イギリス | ギリシャ | イタリア | マルタ |
|---|---|---|---|---|---|---|---|---|---|
| 1985 | | 159,180 | 73,830 | 28,925 | 14,500 | 6,200 | 1,400 | 5,400 | |
| 1986 | | 191,025 | 99,650 | 26,290 | 14,600 | 5,700 | 4,300 | 6,500 | |
| 1987 | | 162,775 | 57,380 | 27,670 | 18,115 | 5,865 | 6,300 | 11,000 | |
| 1988 | | 210,740 | 103,075 | 34,350 | 19,595 | 5,740 | 9,300 | 1,300 | |
| 1989 | | 291,645 | 121,320 | 61,420 | 30,335 | 16,775 | 6,500 | 2,240 | |
| 1990 | | 397,030 | 193,065 | 54,815 | 29,420 | 38,200 | 4,100 | 3,570 | |
| 1991 | | 511,185 | 256,110 | 47,380 | 27,350 | 73,400 | 2,700 | 24,490 | |
| 1992 | | **672,385** | **438,190** | 28,870 | **84,020** | 32,300 | 2,110 | 2,590 | |
| 1993 | | 516,705 | 322,600 | 27,565 | 37,580 | 28,500 | 860 | 1,320 | |
| 1994 | | 300,280 | 127,210 | 25,960 | 18,640 | 32,830 | 1,105 | 1,830 | |
| 1995 | | 263,655 | 127,935 | 20,415 | 9,045 | 43,965 | 1,280 | 1,760 | |
| 1996 | | 227,805 | 117,335 | 17,405 | 5,775 | 29,640 | 1,640 | 680 | |
| 1997 | | 242,780 | 104,355 | 21,415 | 9,680 | 32,500 | 4,375 | 1,890 | 70 |
| 1998 | 312,415 | 295,505 | 98,645 | 22,375 | 12,840 | 46,015 | 2,950 | 13,100 | 160 |
| 1999 | 378,790 | 352,225 | 94,775 | 30,905 | 11,220 | 71,160 | 1,530 | 18,450 | 255 |
| 2000 | 405,220 | 370,290 | 78,565 | 38,745 | 16,285 | 80,315 | 3,085 | 15,195 | 160 |
| 2001 | 424,170 | 375,445 | 88,285 | 47,290 | 23,500 | 71,365 | 5,500 | 17,400 | 155 |
| 2002 | 421,475 | 385,425 | 71,125 | 51,085 | 33,015 | **103,080** | 5,665 | 16,015 | 350 |
| 2003 | 337,235 | 297,795 | 50,565 | 52,205 | 31,355 | 60,045 | 8,180 | 13,705 | 455 |
| 2004 | 268,670 | 228,980 | 35,605 | 50,545 | 23,160 | 40,625 | 4,470 | 9,630 | 995 |
| 2005 | 227,520 | 201,785 | 28,915 | 42,580 | 17,530 | 30,840 | 9,050 | 9,345 | 1,165 |
| 2006 | 192,300 | 173,030 | 21,030 | 26,270 | 24,320 | 27,850 | 12,265 | 10,350 | 1,270 |
| 2007 | 223,670 | 198,100 | 19,160 | 29,390 | 36,370 | 28,300 | **25,110** | 14,050 | 1,380 |
| 2008 | 239,150 | 217,240 | 22,090 | 35,400 | 24,350 | 31,320 | 19,880 | **30,320** | **2,610** |
| 2009 | 246,210 | 221,120 | 27,650 | 41,980 | 24,190 | 29,840 | 15,930 | 17,600 | 2,390 |
| 合計 | 3,676,825 | 7,464,130 | 2,778,465 | 891,250 | 596,790 | 972,370 | 159,585 | 249,730 | 11,415 |

出典：1985年から2006年まではEurostat110/2007 Population and social conditions-statistics in focus P.3、2007年から2009年まではUNHCR, Asylum Levels and Trends in Industrialized Countries 2009, p.13から作成。下線太字はその国又はEU/ECにおける最大値。

全体に影響を与えておらず、たとえば、2006年の15カ国の数字は173,030件で27カ国になってもわずか一割の19,270件増加するだけある。

　このように、冷戦終結後の1992年が最もピークであり、現在より3倍以上の庇護申請数があったが、その中でも当時申請数が最も多かった国はドイツで、その1カ国で全体の60％以上の438,190件を占めていた。そのドイツでは、2009年庇

護申請数は27,650件であり、当時の僅か6％へと激減したことになる。当時の2位のスウェーデンが84,020件から24,190件、3位のイギリスが32,200件から29,840件、という数字と比べてみてもドイツのように劇的に減少したところはなく、また当時4位のフランスは28,870件から41,980件となるなど、当時と比べて増加している国もある。近年でも、本書第3章で問題を取り上げているEUの南の外囲国境に位置する国であるギリシャ、イタリア、マルタにおいてはいずれも減少傾向はみられない。全体の減少分の多くはドイツの減少分ということである。

　このような冷戦終結前後から始まる1990年代初頭の大規模な避難民の流入、しかも一部の国への不均衡な負担を伴った流入という事態が、難民を含めた第三国国民の問題に対してのEUとしての活動の範囲を益々広げていくことになるのである。

## 第2節　欧州共通庇護政策の発展の概要

### 1　アムステルダム条約とタンペレ欧州理事会

　マーストリヒト条約以上に庇護の分野において連合の権限を変化させたのは、1997年に採択され99年に発効したアムステルダム条約である。同条約により、マーストリヒト条約が設けた司法・内務協力の中から、警察・刑事司法協力に関する規定はEU条約の第3編の第29条ないし第42条として残されたが、庇護に関しては、国境管理、移住政策、民事司法協力とともにEC条約の中に移されることになった。すなわち、EC条約の中に第4編として「査証、庇護、移住及び人の自由移動に関する他の政策」という第61条ないし第69条からなる部分が設けられ、庇護政策に関しては移住政策とともに第63条に規定された。同条及び第4編の冒頭に位置する第61条は、以下のように規定する。

　第61条　自由、安全及び正義の領域を漸進的に確立するために、理事会は、次のことを採択する。
　　（a）　アムステルダム条約発効後5年以内に、第62条2及び3、第63条1（a）及び2（a）の規定に従って、外囲国境管理、庇護及び移住に関して、直接に関連する側面的措置とともに、第14条に従って人の自由移動の確保を目

的とする措置、及び欧州連合条約第31条(e)の規定に従って、犯罪を防止し、かつそれと闘う措置

(b) 第63条の規定に従って、庇護、移住及び第三国国民の権利を保護する分野における他の措置

(c) 第65条に規定する民事事件における司法協力の分野における措置

(d) 第66条に規定する行政上の協力を奨励しかつ強化する適当な措置

(e) 欧州連合条約の規定に従い、連合内における犯罪の防止及びそれとの闘いによって、高水準の安全を目的とする、刑事分野における警察及び司法協力の分野における措置

第63条　理事会は、第67条に規定される手続きに従って、アムステルダム条約発効5年以内に次の措置をとる。

1. 1951年7月28日のジュネーブ条約、難民の地位に関する1967年1月31日の議定書及び他の条約に従って、次の分野における庇護に関する措置

    (a) 構成国の一国において第三国国民が求めた庇護について、いずれの構成国がそれを判断するかについての基準と方法

    (b) 構成国における庇護申請者受け入れに関する最低基準

    (c) 第三国国民の難民としての資格に関する最低基準

    (d) 難民としての地位を付与あるいは撤回する構成国における手続きに関する最低基準

2. 次の分野における難民及び避難民に関する措置

    (a) 母国に帰ることのできない第三国からの避難民に一時的保護を与えるための、又は、そうでなければ国際的保護を必要とする者に関する最低基準

    (b) 難民及び避難民の受け入れ及びその結果の負担における構成国間の努力の均衡促進

3. 次の分野における移住政策に関する措置

    (a) 入国及び居住の要件、家族の再結合のための要件を含む、長期査証及び居住許可を構成国が発給する手続きの基準

    (b) 不法滞在者の強制退去を含む、不法移住及び不法滞在

4. ある構成国に合法的に居住している第三国国民が、他の構成国に居住し得る権利と要件を明らかにする措置
……

　意思決定手続きに関しては第67条が、アムステルダム条約発効後5年間を移行期間内として、その間に、「理事会は委員会の提案か構成国の発議に基づき、欧州議会と協議した後に、全員一致で決定する」と規定している（第1項）。すなわち、庇護の分野がECの管轄に入ったとはいえ、構成国からの発議が認められていること、理事会では拒否権が認められていること、欧州議会の権限は限られていることなど、意思決定の面では、各国の意思が十分に尊重される仕組みになっているといえる。しかしながら、5年経過後には、提案を出せるのは委員会のみになり、構成国についてはその要求を委員会によって提案に値すべきかどうか検討されることが保障されるだけとなった（2項）。
　裁判所の管轄についても通常とは異なっていた。第234条に規定される先決裁定手続きは、通常は国内のどの段階の裁判所でも行うことができるはずであるが、第68条の規定により、第4編の問題に関しては最終段階の裁判所（その判決に対して司法救済手続きのない裁判所）しか求めることができないことになっていた。これは、やはり、国内裁判所の判断を優先させているということの表れであるが、基本権という観点から考えると重要なこの分野に通常の司法コントロールが及ばないということであり、様々なカテゴリーの人々から効果的な司法的保護を奪うことになるという批判もあった[32]。
　また、アムステルダム条約には、多くの議定書が附属しているが、「シェンゲン・アキをEUの枠組みに統合する議定書」[33]も設けられ、それまでシェンゲン協定の枠組みで行われてきた活動が、EUの枠組みに統合され、シェンゲン執行委員会の仕事は理事会が引き継ぐことになった。シェンゲン・アキとは、同議定書の附属書において、1．1985年のシェンゲン協定、2．1990年のシェンゲン実施協定、3．上記2協定への加盟条約、4．執行委員会が採択した決定及び宣言、ならびに執行委員会が権限を付与した機関が採択した法（acts）と示されているが、第二次法でより詳細な説明がされている[34]。
　第69条には、イギリス、アイルランド、デンマークに関する適用除外が定め

られているが、それらの国に関しては別途議定書が設けられた。すなわち、「イギリス及びアイルランドの立場に関する議定書」[35]は、両国はEC条約第4編の決定の採択には参加せずその決定に拘束されない（オプト・アウト）が、理事会への提案又はイニシャティブがとられてから3カ月以内に意思を表明すれば採択にも適用にも参加することができること、また、後から委員会の許可を得て決定に参加する（オプト・イン）こともできると定めている。「デンマークの立場に関する議定書」[36]は、同国のEC条約第4編とシェンゲンのフォローアップ・プロセスからのオプト・アウトを定めているが、デンマークの場合は個別の決定への参加が可能なのは、シェンゲン・アキに基づいた決定についてだけであり（この場合は第4編が扱っている問題でもよい。デンマークはシェンゲン協定の締約国であった）、それ以外は個別に参加する可能性は認められていない。その代わりに、議定書の適用を停止し全てに通常通り参加する選択肢がある[37]。

　これらの条文を受けて、1998年12月のウィーンで行われた司法・内務理事会では、「自由、安全及び正義の領域に関するアムステルダム条約の規定をどのように最適に実現するかについてのアクション・プラン[38]」が採択され、アムステルダム条約が発効した1999年10月には、EUにおける自由、安全及び正義の領域の創設に関する欧州理事会の特別会合がフィンランドのタンペレで開催された。タンペレ理事会の議長国の結論[39]は、A.共通EU庇護及び移住政策、B.真正な欧州の正義の領域、C.犯罪に対する連合規模での闘い、D.より強い体外的な行動、という4つの分野における政治的なガイドラインを示し、EU諸機関に対してアムステルダム条約の完全で迅速な実施を要請した。これらの中で、A.共通EU庇護及び移住政策においては、I.出身国とのパートナーシップ、II.欧州共通庇護制度、III.第三国国民の公正な取り扱い、IV移民の流れの管理の四点が指摘されていた。ここにおいて、欧州理事会は、「欧州共通庇護制度」という文言を採用し、その確立を目指すことを宣言したのである。具体的にこの制度が生み出すものとしては次のようなものが示されている。

　まず、短期的目標としては、①庇護申請の審査に責任を持つ国家の明確で有効に機能する決定、②公正で効率的な庇護手続きのための共通の基準、③庇護希望者受け入れの共通の最低条件、④難民の地位の承認及び内容に関するルールの接近、さらに、⑤補完的な保護を必要とする人へ適切な地位を付与する補

完的な保護の形態に関する措置、以上にかかわることが含まれると述べている。そして、長期的目標として、「共通庇護手続き及び庇護を付与された人のための連合全域で有効な均一の地位」の確立をすることを述べる。すなわち、短期的な目標としては、EU条約第63条1項に規定されている4つに加え、同2項(a)後段が要請する補完的保護に関する課題を確認したのだが、欧州理事会はその段階にとどまらず、さらに、次の段階を目指すことを宣言したのである。アムステルダム条約が要求したのは、②、③、④に関しての「最低基準」の作成でしかなく、それ以上であれば構成国の差異を認めるものであったが、さらにその先を行き共通手続き、均一の地位という長期的な目標も設定したということである。そして、もうひとつ、第63条2項関連で、⑥避難民の一時的な保護の問題に関して、構成国間の連帯に基づいた合意を形成すること、そして、一時的な保護を求める難民の大量の流入の状況において利用できる何らかの形での財政的なリザーブを作ることを考慮することも求めている。

## 2　タンペレ・プログラムの第二段階？＝ハーグ・プログラム

　タンペレ理事会で定められた枠組みをタンペレ・プログラムと呼ぶが、それは、上記に見たように主として各国の庇護制度の接近をはかることと、それにとどまらず、長期的には共通庇護手続き及び「庇護を付与された人のための連合全域で有効な均一の地位」を確立することが目標であると定めていた。

　ここで確認しておきたいのは、その「庇護を付与された人のための連合全域で有効な均一の地位」というのが、何を指すのかである。連合全域、つまり連合のどの構成国に行っても「難民」として扱ってもらえる1つの地位のように読むこともできるが、そうではない。それは、2000年に委員会が出した「共通庇護手続き及び庇護を付与された人のための連合全域で有効な均一の地位に向けて」という通知[40]を読むと理解できる。同通知では、第一段階の措置として難民の地位の認定と内容を規定するルールの接近を進めた後、さらに第二段階として、残っている違いを矯正するメカニズムを発展させられるかどうかという点を検討している。つまり、難民として与えられる権利の内容はどの構成国でも同じであるべきであるという意味で、「均一の地位」というのであって、決してEUとしての難民の地位を考えているのではない。難民として認定された者

が他国へ行く権利についての考察をしていることからも、どの国でも通用する難民の地位を構想しているのではないことがわかる[41]。

　さて、その通知をもう少し詳細にみておくと、第二段階の作業として検討されていることは次のようなものである。第一に、まず、第一段階では構成国に一定の柔軟性又は逸脱の可能性を許していた分野において選択肢を制限していくこと、一定の概念に関しての定義（安全な出身国及び第三国に関する共通リストを作るなど）、さらに、第一段階ではカバーされていなかった局面における立法の必要性（審査の質に関するルールなど）、難民及びその他の保護に関して一連の手続きの中で審査を行う(one-stop-shop)手続きの採用、査証の問題やEU外で行われる申請など庇護へのアクセスに関する問題、申請者の受け入れ条件の更なる標準化、帰還の問題等が指摘されている。第二には、均一の地位に関しては、第一段階で作られている仕組みが、構成国間でまだ残っている相違を修正し、又は共同体のルールが多様に解釈される現象を予防するように発展できるかということを考察することが必要であるという。そして、これまでに扱われていない分野の問題としては、国籍へのアクセスの問題が指摘される。以上のように、第一段階ではまだ選択の幅を残していた部分を、さらに推し進めて、連合すべての国において、最終的には均一な地位や手続きを整えることが、タンペレの第二段階の目標として考えられたわけである。

　さて、タンペレ・プログラムから5年が経ち、実際にタンペレの次の段階として2004年11月の欧州理事会で承認されたのがハーグ・プログラム[42]であり、委員会はそれをうけて翌年5月に行動計画[43]を作成した。それまでに、上記タンペレ・プログラムの短期目標のうち、①、③、④、⑤については成果が生まれていた。つまり、2003年に、①として「第三国国民によって構成国の1つにおいて申請された庇護申請を審査するのに責任を負う構成国を決定するための基準及び方法を制定する理事会規則」[44]（ダブリン規則）、③として、「庇護希望者の受け入れの最低基準を制定する理事会指令」[45]（受け入れ指令）、2004年には、④と⑤をカバーするものとして、「難民又はその他の国際的な保護を必要とする者としての第三国国民又は無国籍者の資格及び地位並びに与えられる保護の内容の最低基準に関する理事会指令」[46]（資格指令）が採択され、②の庇護手続きに関する指令は難航していてまだできてはいない、という状況であった。また、⑥

に関して、2001年に「避難民の大量流入の際の一時的保護付与のための最低基準並びにそのような人の受け入れ及びその結果の負担における構成国間の努力の均衡促進のための措置に関する理事会指令」[47]が、そしてそのための「財政的リザーブ」としての欧州難民基金が一足早く2000年につくられていた[48]。

　ハーグ・プログラムは、大きく、自由、安全、正義という3つの分野の強化についての取り組みを掲げているが、そのうちの自由の強化という側面に、「連合市民権」、「庇護、移住及び国境政策」、「欧州共通庇護制度」、「合法な移住及び違法な雇用に対する闘い」、「第三国国民の統合」、「庇護及び移住の対外的側面」、「移住の流れの管理」という7つの事項が列挙されている。「庇護、移住及び国境政策」についての個所で、庇護、移住及び国境の分野における共通政策の第二段階の発展は2004年5月1日から始まるものとして位置づけられ、そして、それは、財政的な意味合いも含めて加盟国間の連帯及び責任の公平な分担並びにより緊密な実務協力に基づくべきものであると述べられている。

　特に庇護に関しては、「欧州共通庇護制度」に関して次のようなことが示されている。まず、第一段階の5年を終えた次の第二段階の目的は庇護又は補完的保護を与えられた人への共通の庇護手続き及び均一の地位の確立であること、構成国はこれまでにできた法を完全に実施すること、この時点でまだできていなかった庇護手続きに関する指令を理事会はできる限り早く採択すること、委員会は第一段階でできた措置を2007年に評価をして2010年の終わりまでの採択を目標として第二段階の提案をすることといった、タンペレ・プログラムの短期的目標に関しての言及がある。そして、委員会は連合内での庇護申請の合同審査の適切さ、可能性、困難性、法的及び実務的意味合いについての研究をすること、欧州共通庇護制度を補完するものとしてEU域外での庇護申請の合同手続きの適切さ及び容易さをUNHCRに相談しながら研究することも新たに求め、さらに、構成国間での協力体制を容易にするための措置を整え共通庇護手続きが確立した後はそれを欧州支援事務所という形にすること、2005年からの新しい欧州難民基金の在り方についても述べている。

　次に、庇護及び移住の対外的な側面という点において、第三国との連携により、よりアクセスしやすくより衡平でより効率的な国際的保護制度に対して責任分担の精神をもって貢献することが必要であること、具体的には難民等の出

身国及び地域との連携により行うEU地域保護プログラム、難民等の経由国及び地域との連携により行うそれらの保護対応力の強化、そのための資金としての欧州近隣諸国連携基金の設立、合法的に滞在する権利のない移民の送還や再引き取り政策、などが課題として掲げられている。

　ハーグ・プログラムは、このようなタンペレ・プログラムにおいて模索されていた欧州共通庇護政策の短期目標の第二段階としての地位の一層の接近という課題と、続いて構想されることになった対外的な側面でのEUとしての共通の庇護政策の模索という2つの面をもったものである。前者の面に関しては、2004年の委員会通知「より効果的な欧州共通庇護制度：次段階としての単一手続き」[49]によって委員会は難民とその他の保護を必要とする人の両者に関する単一の手続きを提案した。また、2005年には、タンペレ・プログラムからの最後の残された宿題であった②の庇護手続きに関する指令も「構成国において難民の地位の付与及び撤回の手続きに関する最低基準についての理事会指令」[50]（手続き指令）という形で採択され、第一段階のすべての立法が一通りそろったところで、委員会は2006年には「強化された実務協力に関する通知：新たな構造、新たなアプローチ：欧州共通庇護制度における意思決定の質の向上」[51]を出し、その中でそれらの制定法を次の段階として具体的に改良するべき点を既に明らかにしている。他方、後者の面、つまり対外的な次元に関しては、試験的なものとして「西部新独立諸国」（Western Newly Independent States、旧ソヴィエト連邦からの独立諸国のうちロシアの西側に位置する国々のことで、ウクライナ、ベラルーシ、モルドヴァの三国を指す）とタンザニアでEU地域保護プログラムを始めることになった。

## 3　ニース条約、リスボン条約

　アムステルダム条約に続くEU条約の改正はニース条約によって行われたが、その改正はアムステルダム条約がやり残した機構的な改革、すなわちEUの東方拡大を目前に控えての諸機関の新たな構成や裁決方法の改革であった。したがって、庇護の分野には内容的な影響はなかったが、第67条に5項が追加され意思決定手続きに多少の変更が加えられた。すなわちこれまでは、先に見たように庇護の分野に関しては構成国の意思が強く反映される手続きが用意されて

いたが、5項の追加により、庇護の分野にも一定の条件の下で共同決定手続きと理事会での特定多数決が導入されることになった。初めは構成国にも認められていた発議権がなくなり、さらに、共同決定手続きが導入されて行くこの過程は、庇護の分野が明らかに共同体の問題へとかわったことを示す[52]もので、僅かな点であっても重要な改正であるともいえる。

　EUの次段階の発展のための文書として2000年から準備が始まり2004年に完成したのは改正条約ではなくEU憲法[53]であり、その第4章におかれる「自由、安全及び正義の領域」（第III-257条ないし第III-277条）という部分に庇護は位置づけられていた。しかし、同憲法はフランスとオランダにおける国民投票での否決により発効の見込みがたたなくなり、これまでと同様に条約の改正という手段が再び用いられ、その結果、リスボン条約が2007年に採択され2009年に発効することとなった。EU憲法草案第4章はこのリスボン条約によっていかされることになった。

　同条約ではECは消滅し、EUがそれを継承することになった（EU条約第1条）ので、EC条約もなくなり、それはEU運営条約によって受け継がれることとなった。EU運営条約は、連合が排他的な権限を有する分野（第3条）と構成国と権限を共有する分野（第4条）をあつかっているが、後者の中のひとつに「自由、安全及び正義の領域」が組み入れられ、第5編にそれらに関する諸規定が置かれることになった。第67条ないし第76条が第1章「一般規定」で、第77条ないし第80条が第2章「国境管理、庇護及び移民に関する政策」、第81条の1カ条が第3章「民事における司法協力」、第82条ないし第86条が「刑事における司法協力」、第87条ないし第89条が「警察協力」であり、アムステルダム条約まではEU条約に含まれていた刑事司法協力及び警察協力がこちらに移されたことになる。

　一般規定の冒頭の第67条1項及び2項は次のような規定である。

第67条
1. 連合は、基本権並びに構成国の様々な法制及び伝統を尊重しつつ、自由、安全及び正義の領域を構築する。
2. 連合は、第三国国民にとって公正な構成国間の連帯に基づいて、域内で人に対して国境管理が行われないことを確保し、かつ、庇護、入国管

理及び外囲国境管理に関する共通政策を形成する。本編において、無国籍者は第三国国民として扱われる。

ここにおいて、第三国国民に関しても域内で国境管理のない移動の自由を確保することを明確に述べていること、及び、「連帯」に言及していることに注目しておきたい。

庇護に関する第78条は以下のとおりである。

第78条
1. 連合は、国際的保護を必要とするいずれかの第三国国民に適当な地位を付与し、かつノン・ルフールマンの原則の遵守を確保するために、庇護、補完的保護及び一時的保護に関する共通の政策を発展させる。この政策は、難民の地位に関する1951年7月28日のジュネーブ条約及び1967年1月31日の議定書、並びに他の関連条約に従うものでなければならない。
2. 1の適用上、欧州議会及び理事会は、通常の立法手続きに従って、次のことを含む欧州共通庇護制度に関する措置を採択する。
   (a) 連合全域で有効な、第三国国民に対する均一の庇護の地位
   (b) 欧州で庇護を受けていないが、国際的な保護を必要としている第三国国民に対する均一の補完的保護の地位
   (c) 大規模な流入が生じた場合の避難民の一時的な保護のための共通の体制
   (d) 均一の庇護又は補完的保護の付与及び撤回に関する共通の手続き
   (e) 庇護又は補完的保護の申請に責任を負う構成国を決定するための基準と方法
   (f) 庇護又は補完的保護の申請者の受け入れ条件に関する基準
   (g) 庇護又は補完的保護若しくは一時的保護の申請者の流入を管理するための第三国との連携及び協力
3. 一又はそれ以上の構成国が、第三国国民の突然の流入に特徴づけられるような緊急事態に直面した場合には、理事会は、委員会の提案に基づき、当該構成国の利益のために暫定措置を採択することができる。理事

会は欧州議会との協議の後に議決する。

　アムステルダム条約による改正では庇護政策と同じ条項でカバーされていた移住政策は別個にされ、第79条が設けられた。国境管理、庇護政策、移民政策をカバーする第2章の最後におかれた第80条は新しい条項で、「本章に定める連合の政策及びその実施は、財政的な意味合いも含めて加盟国間の連帯及び責任の公平な分担によって規律される。本章に基づいて採択された連合の法は、必要な場合はいつでもこの原則を有効にする適切な措置を含む」というものである。

　また、EU条約第6条によって、2000年にすでにつくられていたEU基本権憲章（Charter of Fundamental Rights of the European Union、2007年に調整）[54]が基本条約（EU条約及びEU運営条約）と同一の法的価値を認められるようになったが、その第18条は庇護の権利を定めるもので、「庇護の権利は1951年7月28日のジュネーブ条約及び1967年1月1日の議定書のルールを十分に尊重して、またEU条約及びEU運営条約にしたがって保障される」と述べるものである。ただし、第6条は基本権憲章の規定が基本条約に規定する連合の権限をいかなる意味でも拡大するものではないことを明示しているし、憲章の説明書きでもそのことを確認している[55]。それでも、基本権憲章の規定には重要な意味がある。Boccardiは、欧州庇護政策は元来単一市場の完成という経済的な要請から生まれたのは確かで、庇護に関して「第14条に従って人の自由移動の確保を目的とした措置」を採ることを要請しているアムステルダム条約で設けられた第61条(a)は、そのことを明示しているが、同時に、同条の(b)においては、庇護を独立の目的として認識もしていたという。そして、タンペレ・プログラムにおいて、庇護は、連合の新たな人権の局面という適切な文脈に組み込まれ、EU基本権憲章によって、ついに連合における基本的な権利の1つとして是認されたのだという[56]。

　このように、リスボン条約による改正では、ハーグ・プログラムでは規定されなかったタンペレの長期的な目標「共通庇護手続き及び庇護を付与された人のための連合全域で有効な均一の地位」の後半にあたる「連合全域で有効な、第三国国民に対する均一の庇護の地位」と「欧州で庇護を受けていないが、国際的な保護を必要としている第三国国民に対する均一の補完的保護の地位」に関す

る措置が第78条2項の(a)(b)によって明記されるようになった。また、前半の「共通庇護手続き」も、(c)(d)(f)によって、一時的保護、審査手続き、申請者の受け入れ条件のそれぞれの局面で、今度は最低基準ではなく「共通」の基準の設定が求められるようになった。また、「連帯及び責任の公平な分担の原則」は条約上の原則となり、さらに、対外的側面として、「第三国との連携及び協力」も明記された。前述したように、リスボン条約のこの部分の規定は、実際はEU憲法草案として2004年の段階でできていたものであるのでハーグ・プログラムとほぼ同時期に構想されたものと言えるが、2010年にリスボン条約として発効することにより、ようやく条約上根拠ある文言という位置づけを得ることになったのである。

## 4　2007年のグリーン・ペーパー、2008年委員会通知、「欧州移民・庇護協定」——欧州共通庇護制度のさらなる発展

　上記のように、ハーグ・プログラムは野心的にタンペレの長期目標までの到達をめざし、同時期に作成されたEU憲法もそれに対応していた。しかしながら、そのように迅速にことは運ばず、2008年に委員会は、同プログラムの達成度の評価に関して、2007年までの実施率は全般的にみてやや不満足と評価をしており、欧州共通庇護政策に関しては分野ごとに差があるといいながらも、100％の課題が遅滞している状態であると報告をしている[57]。そのような状況で、2007年に委員会がだしたグリーン・ペーパー「共通庇護制度の将来について」[58]では、同文書の目的を2010年に始まる第二段階のための提案を出すために、欧州共通庇護制度の将来構想について詳細に熟考し議論を開始することと位置づけた。つまり、第二段階はハーグ・プログラムの次のプログラムに託されることになったということである。

　2007年のグリーン・ペーパーは導入部において2つのことを確認している。それは、1つには、タンペレ・プログラムによって定められてハーグ・プログラムによって確認された欧州共通庇護制度の基本的な設計図は、EUにおける共通の庇護手続きと均一の地位の確立であると述べていることである。つまり、タンペレの長期的目標はこの文書では再び確認され明記されている。そしてもう1つは、第二段階における目標を、より高い水準での共通の保護を達成しEU

どこにおいても受けることができる保護をより均一なものとすること、また、EU構成国の間でのより高次元の連帯を確保することと示していることである。そして、具体的に、それまでにできていた3つの庇護立法の改正についての問題、構成国間の実務協力の強化の問題、連帯と責任分担の問題、対外的な側面について述べている。ハーグ・プログラムやリスボン条約をうけついで、「連帯」や「責任分担」を強調するようになっている。

　そのグリーン・ペーパーで示された問題点や示唆を土台に、委員会は欧州共通庇護制度の第二段階を完遂するためのロードマップと措置を示すために、2008年6月に、「庇護に関する政策プラン：EU全域を通じての保護の統合したアプローチ」[59]を提出した。同文書は統計データから、現在のEUにおける庇護の問題について3つの傾向があることを指摘する。それは、第一に、ここ数年は以前に比べて庇護申請数が少ない、つまり以前ほど構成国の庇護制度は圧力を受けていないので、庇護制度の質の向上ということへ努力を集中すべき時であること、第二に、同じ国出身の申請者からの庇護請求の認定率が構成国によって異なることが現在の欧州共通庇護制度の決定的な欠陥であること、第三に、難民条約上の難民の地位より、補完的な保護や他の特別の保護を与えられている申請者がこれまでになく増加しているので、それらに特別の注意を払うべきであること、である。これらのことをふまえて、委員会が提唱する3つの戦略は、構成国の国内法の足並みをさらにそろえて保護水準の調和を確保すること、効果的でより支援された実務的な協力を行うこと、構成国間及びEUと第三国との間でのより高度な連帯と責任分担を実現することの3つであり、これらについてそれぞれ具体的に行うべきことを示している。

　2008年6月の委員会通知に照らし、欧州理事会は新たな文書として、「欧州移民・庇護協定」の作成に取り組み、議長国のフランスのもとでそれが発表された[60]。そこには次の5つの基本的なコミットメントが示されている。すなわち、第一に、各構成国によって定められる優先順位、必要性及び保護対応力を考慮して合法的な移民を組織し統合を促進すること、第二に、不法移民の出身国又は通過国への帰還を確保することによって不法移民を管理すること、第三に、国境管理をより効果的にすること、第四に、庇護の欧州を建設すること、第五に、移住と開発の間の相乗効果を促進させるために出身国及び通過国との包括

的な連携を作り出すこと、である。この中の、「庇護の欧州の建設」では、ハーグ・プログラムにより定められた欧州共通庇護制度の設立を完遂させるための新たなイニシャティブをとり、より高度な保護を提供する時が来たとの認識の下で、次のようなことを合意したと列挙している。すなわち、情報交換等を容易にするための欧州支援事務所の設立、難民及び補完的な保護の受益者のための単一の手続きと均一の地位の確立、大量の庇護希望者の流入に直面する国への支援態勢の確立、UNHCRとの協力によるEUの領域外での人々の保護、外囲国境管理に関わる人員への国際的保護についての訓練、以上のことが欧州理事会の合意事項として示されている。

　ハーグ・プログラムの実施にあたるこの時期に特に関心を持たれていたことは、第一段階で採択された庇護法のより一層の調和化や、それらが構成国において同じように適用されるための実務協力の推進、庇護の対外的な側面、EU内外の諸国との庇護に関しての連帯や責任分担ということであったといえるであろう。また、これらが関心事として明示されるようになったのは、上記のようにリスボン条約のもととなったEU憲法の草案がこれらを規定していたからである。

## 5　2009年委員会通知とストックホルム・プログラム
　　　――「市民の欧州の建設」

　2009年6月に委員会は「市民に奉仕する自由、安全及び正義の領域」[61]というタイトルの通知を出した。ハーグ・プログラムの次のプログラムを話し合うためのたたき台である。同通知では、新プログラムの主軸は「市民の欧州の建設」であり、権利の欧州（市民の権利の促進）、正義の欧州（司法へのアクセスが保障されたより生活しやすい環境づくり）、保護する欧州（市民の生活と安全の保護）、連帯の欧州（移民及び難民政策）という4つの課題を優先事項としてあげている。移民と難民に関しては、「より統合された社会の促進：移民及び庇護に関する事項における責任と連帯を示す欧州」という章の中で扱われているが、そこで庇護に関しては次のようなことがうたわれている。すなわち、国際的な保護を受けている人々の統合について改善がされなければならないこと、2014年までに各構成国での保護の決定をすべて相互承認する原則を正式に記すこと、構成国間で

の域内第三国定住のメカニズムを考案すること、連合域内及び域外での庇護申請の合同審査について分析を続けること、欧州内の財政的な連帯を見直すこと、大量の難民等を受け入れている非構成国との連帯は必要不可欠であり保護する責任を果たすための新たな形態(保護された入国手続きなど)を考えなければならないこと、地域保護プログラムは対象国を拡大すること、以上のような具体的な提案が行われている。

　この委員会通知を基礎に作り上げられたのが、ストックホルム・プログラム[62]である。ストックホルム・プログラムは、ハーグ・プログラムの次の2010年から2014年までの期間をカバーするもので、2009年7月の非公式な議論から始まり、10月から12月にかけての正式な起草作業を経て採択されたものである。「市民に奉仕し保護する開放されて安全な欧州」という副題がつけられているもので、委員会通知を踏襲して、今回は市民の利益と必要に焦点を当てることを優先事項とすることが述べられている。扱っている事項は、「1．自由、安全及び正義の領域における市民の欧州にむけて」、「2．市民の権利の促進：権利の欧州」「3．人々の生活の便宜性の向上：法と正義の欧州」(司法協力や民法の相互承認)、「4．保護する欧州」(テロリズム、組織的犯罪、汚職、麻薬取引、人身取引などからの人々の保護)、「5．グローバルな世界における欧州へのアクセス」(国境管理、査証政策)、「6．移住及び庇護における責任、連帯及び連携」、「7．グローバルな世界における欧州―自由、安全及び正義の対外的な側面」の7つに大きく分けられている。このうち、庇護に関しては、5、7もかかわってくるが中心となる6を見ると、次のようなことが示されている。まず、EU内の問題としては、国内法の規定のより高度な調和を目指すために欧州共通庇護制度が鍵となる政策目標であること、その中で欧州庇護支援事務所が重要な道具となり、ダブリン・システムは責任の配分をするという意味で欧州共通庇護制度の土台であることを確認している。その上で、次の期間になされるべきこととして、庇護又は補完的保護を与えられた人々への共通の手続き及び均一の地位の確立、欧州共通庇護制度の第二段階の終了後に、国際的な保護を与えられる人の保護をEU内の他国へ移動できる枠組みを創設する可能性を考えること、ユーロダックのさらなる活用に関する研究、必要であれば欧州共通庇護制度達成のための新たな立法の提案、庇護申請の合同審査の設立に関する研究の完了、以上のように盛

りだくさんの課題が挙げられている。また、構成国間での責任の分担と連帯の側面として、過剰な負担のかかっている国への実務的及び財政的支援を中心としたメカニズムの構築が求められている。さらに対外的な側面の問題として、第三国との連帯を表す道具をさらに発展させること、具体的には第三国の保護対応力の強化、とりわけ地域保護プログラムのアイデアの発展と拡大、EU合同第三国定住制度への構成国の自発的参加の促進と第三国定住難民の増加、第三国定住についての報告と評価、UNHCRへのEUの支援の強化、庇護手続きへのアクセスに関する新たなアプローチの開発、という点を課題として示している。

　ストックホルム・プログラムは2009年の委員会通知と多少異なる部分があり、たとえば、委員会通知では取り上げられていた域内第三国定住は言及されなくなっているし、2014年までに各構成国での保護の決定をすべて相互承認する原則を正式に記すこと、という記述も削られている。後者についてのべれば、委員会は、これにより「欧州レベルでの特別のメカニズムを採用することなしに、保護が移転されうることを意味する」[63]と述べているように、他国が決定した難民の地位、あるは補完的な保護を受ける人の地位を、どの国も認めて自国でもなんらかの保護がその者に与えられるような枠組みをつくることを考えていた。これは、もしもこれが「難民」あるいは「補完的保護を受ける者」の地位そのものを自国でも与えることを要求していると考えるならば、それは、タンペレの長期目標をはるかに超えるEUとしての難民等の地位の形成になるが、そこまでの要求ではないであろう。しかし、これまではどこかの構成国で難民等の地位を与えられたことにより他の構成国でも自動的に何かの保護を得る仕組みはなかったので、相互承認によって何かの地位を自動的に与えられるようになるのであれば、大きな変化である。ストックホルム・プログラムでは、それに対して、「国際的な保護を与えられる人の保護がEU内の他国へ移動できる枠組み創設の可能性を考えること」という相互承認よりは、少し幅を広げた検討課題が設定されることになった。

## 第3節　小　括

　以上の流れから次のことを確認しておきたい。

　第一に、連合が庇護政策を取り組むことになった理由についてである。それは、第一義的には、人の自由移動の達成という課題からの要求があったということである。単一欧州議定書に付された宣言「人の自由移動に関する構成国政府による政治的宣言」では、「人の自由移動を促進するために、構成国は共同体の権限を害することなく、特に第三国国民の入国、移動、及び居住に関して協力をする。…」と述べられていたし、マーストリヒト条約において庇護政策を含む司法・内務協力が共通の関心事とみなされたのは、「連合の目的、とりわけ人の自由移動を達成するため」と規定されていた。このころに作られた政府間の文書であるシェンゲン実施協定にはダブリン・システムの原型があるが、シェンゲン協定もまた域内の国境管理の廃止のための措置であった。

　アムステルダム条約による改正以降、庇護政策は、「自由、安全及び正義の領域」の確立というタイトルの下で扱われることになり、この「自由」に人の自由移動も含まれる。ただし、アムステルダム条約での改正では、庇護政策の中で、第63条1項(a)及び第63条2項(a)のみ、すなわち、ダブリン・システムと避難民の一時的な保護に関する措置のみが、「人の自由移動の確保を目的とする措置」と明示されていて(第61条(a))、第63条が規定する他の庇護に関する措置と少し区別が設けられている。庇護関連では、域内の自由移動の保障によって直接必要となると考えられていたのは、庇護希望者や庇護申請者に対する責任や負担の分担に関する措置であって、庇護法の調和という問題は、それらの結果として派生的に必要となる措置と位置づけられていたと理解できる。しかし、リスボン条約では第67条という一般規定の中で域内国境管理の廃止が2つの面から規定され(第1条の一般的な表現と第2条の特に第三国国民に関する表現)、庇護に関する共通政策は全てこの目的のために行われるものと再定義されている。これは、第3章で見るように、自由移動の保障された領域での庇護に関する負担や責任の分担が、庇護法のよりいっそうの調和なくしては正当化できなくなってきたということ、すなわち、庇護法の調和化それ自体が、域内国境管理の廃止に不可欠な庇護政策であると以前よりまして認識されるようになってきたこと

をあらわすと思われる。以上のような条約規定上の細かな変化はうかがえるが、域内国境管理が廃止されて自由に人が移動できる領域を作り上げるために、司法協力や警察協力、移住政策などと同様に庇護政策もEUが管轄権をもつようになり、EUとして取り組むこととなったというのが出発点であることは間違いない。特に、ダブリン・システムに関しては、庇護法の諸側面の調和化に関する措置よりも直接その要請から生まれてきているものなのである。

　しかし、他方で、庇護政策の発展は人の自由移動の確立という要請だけで発展してきたわけではない。構成国が庇護申請数増加の対策として、保護をする真の必要性がない庇護申請に対処するための措置をそれぞれの国で形成してきて、それがEUレベルでの問題とされるようになったという側面もある。つまり、すでに見たように、1990年代の初めはEU構成国に今よりももっと多くの庇護申請者がやってきた時期であったが、その中でも、一部の国には特に多くの人たちがやってきたのである。つまり、Thielemannの言葉を借りれば、この庇護申請者の配分の不平等さは、諸国の制限的な庇護政策のせいだと国家は信じており、その広く支持された考えのために、2つの結果がもたらされた。すなわち、1つめが、国家は庇護申請者が来ないように近隣の国よりも制約的な庇護法を作ろうという国際的な競争が生まれたこと、そして2つめは、その競争によって難民や庇護申請者の保護水準が底辺まで行き着くレース（race to the bottom）が生じるのを避けるために、国家の庇護法を欧州レベルで調整し調和させ、構成国間での政策の差異を排除しようと試みることである[64]。この動きは、域内の自由移動の確立という要素がなくても、互いに領土が接近している欧州諸国の間で生まれていたかもしれないものだろう。しかし、このような庇護法の調和化は、1つ目の要因、すなわち人の自由移動の確保という問題と無関係ではない。第3章でみるように、人の自由移動の確保のためにつくられたダブリン・システムこそが、さらに構成国の庇護法の調和化を要求する原因となっているのである。

　第二に、庇護政策に関して、「連帯」という理念が徐々に強調されるようになっているということに注目したい。上記でみたように、負担の不平等という信念が、構成国にとっては重要な問題で、それがゆえに欧州共通庇護制度の形成にまでいたった要因ともなっている。その負担の不平等を解決するためのキー

ワードが、「努力の均衡」、「負担の分担」、「責任の分担」であり、そして「連帯」である。しかも、それは、構成国の間の問題だけでなく、非構成国の国々との関係においても徐々に問題となってきている。順を追ってもう一度確認してみると、次のような流れである。

アムステルダム条約における改正では、一定の国への大量の難民の流入という事態が問題となり、第63条2項(a)が、難民の一時的保護かそれに代わる措置を、同条項(b)が難民受け入れの場合の「構成国間における努力の均衡の促進(傍点は筆者による)」のための措置を策定することを規定し、それを受けたタンペレ理事会が、「避難民の一時的な保護の問題に関して、構成国間の連帯に基づいた合意を形成すること(傍点は筆者による)」、そして、「一時的な保護を求める難民の大量の流入の状況において利用できる何らかの形での財政的なリザーブを作ることを考慮すること」を求めた。2004年のハーグ・プログラムになると、庇護、移住及び国境の分野における共通政策の第二段階の発展について、それは、財政的な意味合いも含めて加盟国間の連帯及び責任の公平な分担並びに緊密な実務協力に基づくべきものであると述べる。さらに、庇護及び移住の対外的な側面について、第三国との連携により、よりアクセスしやすくより衡平でより効率的な国際的保護制度に対して責任分担の精神をもって貢献することが必要であると述べて、難民等の出身国及び地域等との連携による活動を課題として提示した。

2009年に発効したリスボン条約による条約の庇護関係部分の改正は、実際には欧州憲法草案として2004年に構想されたものであったが、一般規定として、第67条2項で、「連合は、第三国国民にとって公正な構成国間の連帯に基づいて、域内で人に対して国境管理が行われないことを確保し、かつ、庇護、入国管理及び外囲国境管理に関する共通政策を形成する。…(傍点は筆者による)」という一文が挿入された。さらに、国境管理、庇護政策、移民政策をカバーする第2章の最後におかれた第80条は新しい条項として、ハーグ・プログラムに出てきた先のフレーズを用いて、「本章に定める連合の政策及びその実施は、財政的な意味合いも含めて加盟国間の連帯及び責任の公平な分担によって規律される。本章に基づいて採択された連合の法は、必要な場合はいつでもこの原則を有効にする適切な措置を含む(傍点は筆者による)」という規定が盛り込まれたのであ

る。そして、これ以降に出された文書では、庇護制度を語るときには「連帯」という文言が中心的なスローガンとして用いられていく。たとえば、2007年の委員会のグリーン・ペーパーでは、タンペレの第二段階における目標は、より高い水準での共通の保護を達成しEUどこにおいても受けることができる保護をより均一なものとすること、また、EU構成国の間でのより高次元の連帯を確保すること、と述べ、連帯は目標そのものとなった。また、最新プログラムの中では移民・庇護政策に関する問題全体が連帯という概念でまとめられるようになり、「連帯の欧州」(2009年委員会通知)や「移住及び庇護における責任、連帯、及び連携」(ストックホルム・プログラム)という表現がセクションのタイトルとして用いられるようになった。以上のように、はじめは構成国間で、そしてハーグ・プログラムからは第三国との間においても、「連帯」及び「責任の分担」が徐々に強調されるようになり、リスボン条約による改正では、それが庇護政策を含めた章全体を規律する原則として独立して掲げられるようになり、それ以降、まさに、原則として扱われるようになってきている。

　本書は、このEUによる内外での「連帯」、「責任の分担」あるいは「負担の分担」という試みに焦点をあて、そのために2つの側面について検討する。1つはダブリン・システムであり、これは、「負担の分担のためにつくられたものではない」と繰り返しいわれながらも、2007年のグリーン・ペーパーでは、その機能が事実上一定の構成国に付加的な負担をかけるものであり、それを解消するために連帯メカニズムの形成が必要であるといわれているものである[65]。すなわち、構成国間の難民に対する負担の分担を目的として作られたものではなくても、事実上一定の負担分担のメカニズムになってしまっているので、そうである以上、過剰な負担をしいられている国に対して「連帯」のための措置を行わなければならない、という議論が進められているのである。また、2009年のストックホルム・プログラムは、ダブリン・システムは「責任の配分をする」という意味で欧州共通庇護制度の土台であるととらえている。そして、もう1つとして、対外的な側面では、EUが現在模索している「第三国との連帯」のための道具、すなわち、本章でしばしば言葉が出てきた地域保護プログラム及び第三国定住をとりあげる。いずれも、それらがどのようなシステムであり、どのような活動がされているのか、また、そこからどのような派生的効果が生み出されてい

るのか分析することを目的としている。

　ところで、「負担の分担」、「連帯」、「責任の分担」は、互換的に用いられているようでもあるが、それぞれ異なる意味をもつだろう。この中でわかりにくいのが「連帯」という言葉である。それは、負担の分担と重なるところもあるが、負担の分担が公平に行われていないときに、過剰負担を負っている国を他の国も支援するという意味も含んでいるように思われる。「自由、安全及び正義の領域」の中の庇護以外の分野においても、「連帯」という言葉は出てくる。例えば、外囲国境における作業協力の管理をするための庁（Agency）が2004年に設けられたが、その機関の活動の1つは、「外囲国境の管理において必要な技術的支援及び専門知識を委員会及び構成国に提供し、構成国間の連帯を促進する」と規定されている[66]。この場合は、国境の管理という本来一定の国に負わされる負担に関して、それが共通の関心事であるために、他の国もその負担を分かち合うという意味であろう。実際の物理的負担は特定の構成国に集中するが、財政的支援や実務協力などでその負担に対して共通に取り組んでいくということである。庇護申請者の配分に関しても（第一期欧州難民基金が取り組もうとした避難民の大量の流入という事態であれ、ダブリン・システム適用の結果という人工的に作られた状況であれ）、特定の構成国に余分な負担をかけているが、その実際の受け入れ負担を公平なものにするというよりは、他国はそれに支援を行うということが「連帯」の言葉で語られている。逆に負担の集中している国の立場から見れば、「連帯」のためにその負担から逃避せず、他国から支援を受けつつ、他国のためにもその負担を引き受けることを求められるということになる。

　最後に確認しておきたいことは、欧州共通庇護制度の最終的な目的についてである。タンペレの長期的目標としては、「共通庇護手続き及び庇護を付与された人のための連合全域で有効な均一の地位の確立」が設定され、その目標は常に各種の文書で確認され維持されつづけてきたが、リスボン条約では「連合全域で有効な、第三国国民に対する均一の庇護の地位」および「欧州で庇護を受けていないが、国際的な保護を必要としている第三国国民に対する均一の補完的保護の地位」という文言が導入されて、いよいよその長期的目標のための措置が求められることになった。しかしながら、それは、決して連合全域で有効な1つの難民の地位というものではなく、内容的に均一な27の難民の地位である

ということは、庇護申請者にとってダブリン・システムとは何を意味するのかを考える際に重要な点である。

【注】
1 本章で取り扱った事項のより詳しい理解のためには、すぐれた多くの先行業績を参考にしてほしいが、その中のいくつかをあげておく。第1節のEU/ECの歴史の部分については次のものを参照。金丸輝男編著『ECからEUへ―欧州統合の現在―』(創元社、1995年)、清水貞利『欧州統合への道―ECからEUへ―』(ミネルヴァ書房、1998年)の「第1部 入門編―EU誕生の背景と経過」、田中俊郎『EUの政治』(岩波書店、1998年)の「第1部 欧州統合の歴史的発展」、島野卓爾・岡村堯・田中俊郎編著『EU入門 誕生から、政治・法律・経済まで』(有斐閣、2000年)の「第3章 欧州統合の歴史―ECからEUへ」。第2節の欧州共通庇護政策の発展の理解のために次のものを参照。庄司克宏『EU法 政策篇』(岩波書店、2003年)の「第3章 自由・安全・司法領域」、島野卓爾・岡村堯・田中俊郎編著、前掲書「第7章2節 司法内務協力」。英文のものでは、以下のものを参照。Olga Ferguson Sidorenko, *The Common European Asylum System – Background Current State of Affairs Future Direction*, T・M・C・Asser Press, The Hague, 2007. Hemme Battjes, 'The Common European Asylum system: the first stage', Jean-Yves Carlier and Philippe De Bruycker, *Immigration and asylum Law of the EU: Current Debates*, Bruylant, Bruxselles, 2005. Anneliese Baldaccini and Helen Toner, 'From Amsterdam and Tampere to the Hague Overview of Five Years of EC Immigration and Asylum Law', *Whose Freedom, Security and Justice? : EU Immigration and Asylum Law and Policy*, edited by Annelise Baldaccini, Elspeth Guild and Helen Toner, Hart Publishing, Oxford and Portland, Oregon, 2007, pp.1-22.
2 ECSC条約第69条。
3 CEEC、構成国の在外国民の雇用を規定する理事会決定、1953年10月30日採択、54年3月5日修正。
4 清水貞利、前掲書、60-62頁。
5 期限の1992年12月31日までに282件の法案のうち260件を採択し、予想以上の成功であったといわれている。田中俊郎「第1章 『域内市場白書』と単一欧州議定書―EU統合史の分岐点」田中俊郎・庄司克宏編『EU統合の軌跡とベクトル トランスナショナルな政治社会秩序形成への模索』慶応義塾大学出版会、2006年、11頁。
6 マーストリヒト条約までの人の自由移動に関して、山根裕子『EC法 政治・経済目的とその手段』(有信堂高文社、1993年)の「第2章 『人の自由移動』制度」を参照。経済的活動をする人の自由移動から市民権としての自由移動への変化の経緯については、拙稿「ヨーロッパ共同体における人の自由移動について(1)(2)(3・完)―ローマ条約における経済活動の自由からマーストリヒト条約における市民権へ―」名古屋大学法政論集第161号、162号、163号(1995年7月、10月、1996年1月)、及び、「ヨーロッパ統合における人の自由移動―ヨーロッパ市民権創設以降の居住の権利―」名古屋大学法政論集第202号(2004年5月)参照。
7 Secretatiat General du Conseil des Communautes Europeennes, ARCHIVES, MAE89f/55yd, pp.11-12.
8 「人の自由移動に関する構成国の政府による政治的宣言:人の自由移動を促進するために、構成国は共同体の権限を害することなく、特に第三国国民の入国、移動、及び居住に関して協力する。彼らは、また、テロリズム、犯罪、麻薬の取り引き並びに芸術作品及び骨董品の非合法的な取り引きに対して闘うことにおいても協力する。」
9 「単一欧州議定書の第13条ないし第19条に関する一般的な宣言:これらの規定のいかなるものも、

構成国が第三国からの移住を規制するために必要と思う措置をとる権利並びにテロリズム、犯罪、麻薬の取り引き並びに芸術作品及び骨董品の非合法的な取り引きと闘う権利に影響を与えるものではない。」

10 Proposal for a Council Directives on the elimination of controls on persons crossing internal frontiers, COM (95) 347final. Amended proposal for a Council Directive on the right of third-country nationals to travel in the Community, COM (97) 106 final.ただし、単一欧州議定書採択当初から、そのような考えに基づいていたわけではない。

11 1988年のロドス欧州理事会では、域内国境のない地域を作り出すために構成国を調整するためのコーディネーティンググループ(ロドスグループ)を作り、89年に同グループはパルマ文書を採択した。Bull. EC6-1989, p.10.

12 例えば、1991年12月にマーストリヒト欧州理事会宛てに、「移民及び庇護政策に関する報告書草案」を出している。この報告書草案は、1991年6月のルクセンブルグ欧州理事会で、ドイツの代表が、庇護、移住及び外国人に関する政策について、(i)調和のために必要な準備作業の決定及び計画、(ii)EC条約の改正条約の署名から発効までの間の期間に行うべき具体的な予備的及び暫定的な措置の提案、をマーストリヒト欧州理事会で報告するようにと要請したのを受けて出されたものである。Bull. EC6-1991, p.11 and p.15.

13 これらの文章に関しては、Compilation and Commentary by Elspeth Guild and Introduction by Jan Niessen, *The Developing Immigration and Asylum Policies of the European Union*, Kluwer Law International, 1996を参照のこと。

14 European Parliament, Resolution on the general principles of a European refugee policy, A3-0402/93, OJC 44/106-110, 1994 and Resolution on the Schengen Agreements', B3-0171 and B3-0200, OJC 61/185-186.

15 'Commission report to the Council on the possibility of applying Article K.9 of the Treay on European Union to the policy on asylum', Bull.EC11-1993, p.94.

16 'Council Conclusions concerning the Commission Communication on immigration and asylum policies', Bull.EC6-1994, p.105.

17 'Joint Position defined by the Council on the basis of Article K.3 of the Treaty on European Union on the harmonized application of the definition of the term "refugee" in Article 1 of the Geneva Convention of 28 July 1951 relating to the status of refugees', OJL63/2-7,1996.

18 'Council Resolution on the admission of third-country nationals for employment', OJC274/3-6, 1996.

19 'Council Resolution on minimum guarantees for asylum procedures', OJC274/13-17, 1995.

20 Commission Communication to the Council and the European Parliament on Immigration, SEC (91) 1855final.

21 Commission Communication from the Commission to the Council and the European Parliament on Immigration and Asylum Policies. COM (94) 23 final.

22 (I) Proposal for a decision, based on Article K3 of the Treaty on European Union establishing the Convention on the crossing of the external frontiers of the the Member States. (II) Proposal for a Regulation, based on Article 100C of the Treaty establishing the European Community determining the third countries whose nationals must be in possession of a visa when crossing the external borders of the Member States. Communication from the Commission to the Council and the European Parliament, COM (93) 684final.

23 Ibid.

24　Proposal for a Council Act establishing the Convention on rules for the admission of third-country nationals to the Member States. COM (97) 387 final.
25　Proposal for a Council Directive on the right of third-country nationals to travel in the Community. COM (95) 346 final. Proposal for a Council Directive on the elimination of controls on persons crossing internal frontiers, COM (95) 347final. Amended proposal for a Council Directive on the right of third-country nationals to travel in the Community and Amended proposal for a Council Directive on the elimination of controls on persons crossing internal frontiers, COM (97) 106final.
26　COM (97) 106 final. ただし、単一欧州議定書採択当初から、そのような考えに基づいていたわけではない。
27　「外囲国境」とは、「外囲国境を越境する人に対する審査に関する条約」案の第1条(h)では、(1)他の構成国の国境に接していない構成国の陸の国境及び海の国境、(2)空港及び港、但し、欧州共同体設立条約の下で規定された文書の目的のために域内国境とみなされるものをのぞく、と定義されている。COM (93) 684 final.
28　査証に関しては、マーストリヒト条約では100Ｃ条としてあらたに規定が設けられた。
29　Communication from the Commission to the Council and the European Parliament (I) Proposal for a decision, based on Article K.3 of the Treaty on European Union establishing the Convention on the crossing of the external frontiers of the Member States. (II) Proposal for a regulation, based on Article 100c of the Treaty establishing the European Community, determining the third countries whose national must be in possession of visa when crossing the external borders of the Member States, COM (93) 684 final.
30　マーストリヒト条約下での庇護政策に関する政府間協力については、拙稿「ヨーロッパ統合が第三国国民(third-country nationals)に与える影響―難民問題を中心として」広島大学総合科学部『社会文化論集』第5号、1998年3月参照。
31　以下の数字は表1-1の出典及び次の資料による。UNHCR, 'Global Trend 2008: Refugees, Asylum-seekers, Returnees, Internally displaced and stateless persons', 2009, p.14, pp.17-18. Eurostat 92/2009 Population and Social Conditions-statistics in focus, p.1.
32　Anneliese Baldaccini and Helen Toner, op.cit., p.20.
33　Protocol integrating the Schengen acquis into the framework of the European Union. <http://eur-lex.europa.eu/en/treaties/dat/11997D/htm/11997D.html#0099010007 >
34　Council Decision of 20 May 1999 concerning the definition of the Schengen acquis for the purpose of determining, in conformity with the relevant provisions of the Treaty establishing the European Community and the Treaty on European Union, the legal basis for each of the provisions or decisions which constitute the acquis (1999/435/EC) OJL 176/1-16, 1999. The Shengen Acquis as referred to in Article 1 (2) of Council Decision 1999/435/EC of 20 May 1999, OJL239/1-473, 2000.
35　Protocol on the position of the United Kingdom and Ireland. <http://eur-lex.europa.eu/en/treaties/dat/11997D/htm/11997D.html#0099010007 >
36　Protocol on the position of Denmark. <http://eur-lex.europa.eu/en/treaties/dat/11997D/htm/11997D.html#0099010007 >
37　アムステルダム条約の議定書で難民関連のものは、もう1つ、EU構成国国民の庇護に関する議定書(Protocol on asylum for nationals of Member States of the European Union)がある。イギリス、アイルランドに関しては、シェンゲン・アキの受け入れに関して定めた決定がある。Council Decision of 29 May 2000 concerning the request of the United Kingdom of Great Britain and

Northern Ireland to take part in some of the provisions of the Schengen acquis, OJL 131/43-47, 2000, Council Decision of 29 May 2000 concerning the request of the United Kingdom of Great Britain and Northern Ireland to take part in some of the provisions of the Schengen acquis (2000/365/EC) Council Decision of 28 February 2002 concerning Ireland's request to take part in some of the provisions of the Schengen acquis (2002/192/EC), OJL 64/20-23, 2002.
38　Action Plan of the Council and the Commission on How Best to Implement the Provision of the Treaty of Amsterdam on an Area of Freedom, Security and Justice, OJC19/1-5, 1999
39　Presidency Conclusions Tampere European Council 15 and 16 October 1999. <http://www.consilium.europa.eu/ueDocs/cms_Data/docs/pressData/en/ec/00200-r1.en9.htm>
40　Communication from the Commission to the Council and the European Parliament, Towards a common asylum procedure and a uniform status, valid throughout the Union, for persons granted asylum, COM (2000) 755final.
41　「均一の」の英語はuniform、フランス語はuniformeである。条約集などには「統一的な」という訳があてられているが、「統一的な」という言葉には「統一的な1つの」というニュアンスが伴うので、本書では「均一の」という日本語を用いる。
42　Council of the European Union, 13, December 2004, 16054/04 JAI559, 'The Hague Programme: strengthening freedom, security and justice in the European Union.'
43　Communication from the Commission to the Council and the European Parliament The Hague Programme: Ten priorities for the next five years The Partnership for European renewal in the field of Freedom, Security and Justice, COM (2005) 184 final.
44　Council Regulation (EC) No. 343/2003 of 18 February 2003 establishing the criteria and mechanisms for determining the Member State responsible for examining an asylum application lodged in one of the Member States by a third-country national, OJL50/1-10.
45　Council Directive 2003/9/EC of 27 January 2003 laying down minimum standards for the reception of asylum-seekers, OJL31/18-25.
46　Council Directive 2004/83/EC of 29 April 2004 on minimum standards for the qualification and status of third country nationals or stateless persons as refugees or as persons who otherwise need international protection and the content of the protection granted, OJL304/12-23.
47　Council Directive 2001/55/EC of 20 July 2001 on minimum standards for giving temporary protection in the event of mass influx of displaced persons and on measures promoting a balance of efforts between Member States in receiving such persons and bearing the consequences thereof. OJL212/12-23.
48　Council Decision 2000 /596 /EC of 28 September 2000 establishing a European Refugee Fund, OJ L252/12-18.
49　Communication from the Commission to the Council and the European Parliament: A More Efficient Common European Asylum System: The Single Procedure as the Next Step, COM (2004) 503final.
50　Council Directive 2005/85/EC of 1 December 2005 on minimum standards on procedures in Member States for granting and withdrawing refugee status, OJL326/13-34.
51　Commission Staff Working Document, Annexes to the Communication from the Commission to the Council and the European Parliament on Strengthened Practical Cooperation, New Structures, New Approaches: Improving the Quality of Decision Making in the Common European Asylum System, SEC (2006) 189.

52　Olga Ferguson Sidorenko, Op.,cit., p.39.
53　Treaty establishing a Constitution for Europe, OJC310 16 of December 2004. <http://eur-lex.europa.eu/JOHtml.do?uri=OJ:C:2004:310:SOM:EN:HTML>
54　Charter of Fundamental Rights of the European Union, OJC83/389-403, 2010.
55　OJC 303/17 -35, 2007.
56　Indrid Boccardi, *Europe and Refugees, Towards an EU asylum policy*, Kluwer Law Internatinal, The Hague, The Netherland, 2002, p.204, p.208.
57　Communication From the Commission to the Council and the European Parliament Report on Implementation of the Hague Programme for 2007, COM(2008)373final, pp.1-5, p.3 のグラフ.
58　'Green Paper on the future Common European Asylum System', COM(2007)301 final.
59　Communication from the Commission to the European Parliament, the Council, the European Economic and Social Committee and the Committee of Regions: Policy Plan on Asylum : An Integrated Approach to Protection across the EU, COM(2008)360 final.
60　Council of the European Union, 13440/08 COR4 ASIM72, 'European Pact on Immigration and Asylum' , 16, October 2008.
61　Communication from the Commission to the European Parliament and the Council, An area of freedom, security and justice serving the citizen, COM(2009)262final.
62　Council of the European Union, 17024/09 CO EUR=PREP 3 JAI 896 POLGEN 229, 'The Srockholm Programme – An open and secure Europe serving and Protecting the citizen', 2, December 2009.
63　COM(2009)262final, p.27.
64　Eiko R. Thielemann, 'Why Asylum Policy Harmonization Undermines Refugee Burden-Sharing', *European Journal of Migration and Law* 6, 2004, p.54.
65　COM(2007)301final, p.10.
66　Council Regulation(EC)No 2007/2004 of 26 October 2004 establishing a European Agency for the Management of Operational Cooperation at the External Borders of the Member States of the European Union, OJL 349/1-11.

# 第2章　ダブリン・システムの内容と実績

　本章と次章では、「ダブリン規則」[1]を中心にダブリン・システムについて取り上げる。本章では、ダブリン・システムが生まれてきた背景、ダブリン規則の構成と内容、ダブリン・システムの一部であるユーロダックの概要、ダブリン規則の前身であったダブリン条約との相違点、そして委員会の2007年報告書[2]とその附属のスタッフ・ワーキング・ドキュメント[3](以下、2007年附属文書)により2005年までのダブリン規則の実施の成果について順に見ていく。その上で、次章においてダブリン・システムに関する論争を検討する。

## 第1節　ダブリン・システムの背景

　ダブリン・システムとは、簡潔に述べれば、EU諸国のどこかの国において庇護申請が申し立てられた場合、その庇護申請はルールによって決められた1カ国のみが責任を負って審査を行うという制度のことであり、その制度の仕組みを定めているダブリン規則とダブリン実施規則[4]、及びその制度の実施のために必要な情報を提供するデータベースであるユーロダック(EURODAC)のためのユーロダック規則[5]とユーロダック実施規則[6]からなる[7]。

　ダブリン規則とは、正式な名称を「第三国国民によって構成国の1つにおいて申請された庇護申請を審査するのに責任を負う構成国を決定するための基準及び方法を制定する理事会規則」といい、2003年に採択されたもので、その名称とほぼ同様の言葉が第1条に同規則の目的として規定されている。何故そのよ

うなシステムをつくることになったのかという理由であるが、それは、いわゆる「アサイラム・ショッピング」や「庇護のたらい回し」(asylum in orbit) をなくすためである。すなわち、冷戦終結前後から、多くの避難民が欧州にやってくることになり、前章でみたように当時のEU諸国は庇護申請者数の増加にあえぐ状況にあった。そして、庇護申請者の受け入れ負担を軽くするために、いわゆる「安全な第三国」や「安全な出身国」という概念をそれぞれの国ごとに、あるいは欧州全体で取り入れてゆくことになるのであるが、ダブリン・システムもいってみればそのような構成国の負担の軽減のための1つの道具である。

「アサイラム・ショッピング」とは、庇護申請者が、ある国で庇護申請を行い一定の時間を経て申請が認められなかった場合に、他の国へ行きそこでまた申請を行うという現象であり、そのように難民該当性が低いであろうにもかかわらず、欧州の諸国を回って庇護申請を繰り返すという現象を比喩した言い方である。そのような認定の可能性の少ないと思われる審査及び審査中の申請者の受け入れという負担を減らすために、EUはどこか1カ国のみで審査を行い、その結果難民として認められなかった場合は、その効力が事実上他の構成国にも及び、その者からの申請は原則的にそれ以上の審査を行わないという体制をつくったのである。他方、「庇護のたらい回し」とは、文字通り申請をしてもあちらの国こちらの国と回されて結局どこからも審査をしてもらえない状態のことをさす。後述するダブリン規則の前身のダブリン条約の前文にはこの「庇護のたらい回し」の方だけ言及されていた。すなわち、「庇護申請者が長らく申請の結果がわからないままにされることなく」、「すべての庇護申請者が構成国の1つにより申請が審査されることを保障」すること、及び「どの国も自国が庇護申請の審査に対して権限をもつと認識しないままに、庇護申請者がある構成国から他の構成国へと連続的に委ねられることがない」ようにすることが必要であると述べられている。

## 1　自由移動の保障された域内市場

しかし、このシステムは、単に庇護審査の負担を減らそうというだけの理由でできたわけではない。もっと根本的な要請は、国境のない域内市場の確立というEU/ECの目的そのものから生まれている。ダブリン規則の前身のダブリ

ン条約は1990年に採択されたが、それよりも前の1985年に締結されたシェンゲン協定[8]とその実施協定[9]に、ダブリン条約の原型が見られる。シェンゲン協定及びシェンゲン実施協定は2000年にシェンゲン・アキとしてEU法に取り込まれることになったが、それまではECとは異なる枠組みでECの一部の諸国の間で先行して人の自由移動の確立を目指す措置を着手するために作られたものである。シェンゲン協定には、長期的な措置として、域内国境での審査を廃止して外囲国境に移すこと（第17条）、警察協力や司法協力（第18条）などともに、第20条で査証政策及び領域への入国条件の調和をうたっており、「必要な限りにおいてEC構成国ではない国の国民に関しての外国人法の一定の側面を規律する規則の調和」を進めることが述べられている。シェンゲン実施協定の第7章が「庇護申請審査の責任」について定めた章で、その第28条ないし第38条の規定において、1カ国のみが審査責任をもつことやその1カ国を決定する基準など、現在のダブリン・システムの骨組みがすでに設けられていた。このことからわかるように、域内の自由移動の確立にともなって必要となる第三国国民に関する法の調和の1つの要素として、ダブリン・システムは出発したのである。

## 2 ダブリン・システム発展の歴史

　シェンゲン協定及びシェンゲン実施協定の後は、このシステムは次のように発展していく。1990年6月15日に、ダブリン条約が、当時12カ国（ベルギー、デンマーク、フランス、ドイツ、ギリシャ、アイルランド、イタリア、ルクセンブルグ、オランダ、ポルトガル、スペイン、イギリス）によって署名された。ダブリン条約の内容は後述するが、現在のダブリン規則と大きくは変わらないものである。ダブリン条約の発効にともない、関連するシェンゲン実施協定28条ないし38条は適用が停止された。翌91年にはEU内で既に庇護申請を行ったことがある人物の特定をより正確に行えるように、ユーロダックというコンピューターによる庇護申請者の指紋照合制度を作ろうという合意がなされた。

　1999年のアムステルダム条約の発効とタンペレ理事会の結論を受けて、ダブリン条約は他の庇護に関する国家間の合意とともにEU法化されることが必要となり、委員会は、それまでの2年半の条約の実際の運用を振り返って、2つのスタッフ・ワーキング・ペーパーを出した。それが、2000年の「ダブリン条約

の改定：構成国の1つに出された庇護申請を審査する責任を負う構成国を決定する共同体法の発展」[10]（以下、委員会2000年ワーキング・ペーパー）と、2001年の「ダブリン条約の評価」[11]（以下、委員会2001年ワーキング・ペーパー）という2つの文書である。これらの文書に対してNGO等から意見が寄せられ、それらをふまえて、委員会は、2001年に、「第三国国民によって構成国の1つおいて申請された庇護申請を審査するのに責任を負う構成国を決定するための基準及び方法を制定する理事会規則提案」[12]を提出した。そして、同提案は議会への諮問を経て、2003年に理事会規則として成立した。91年に作成が合意されていたコンピューターによる指紋照合システムは、その後、96年から99年までの間に理事会が条約と議定書という形でテキストを準備していたが、アムステルダム条約が発効後、委員会によるユーロダック規則提案という形におきかえられ、2000年にユーロダック規則が、2002年にはユーロダック実施規則が採択され発効し、2003年1月から実際にユーロダック中央ユニットが作動し始めることとなった。

　ダブリン規則もユーロダック規則も、委員会に3年後に実績評価を行うことを義務付けていたので、2007年に委員会は「ダブリン・システムの評価報告書」[13]とそれに附属する委員会スタッフのワーキング・ドキュメント[14]（2007年附属文書）を提出した。それら、及び、同時期に出されたグリーン・ペーパー[15]に対して、議会はもちろんのこと、UNHCRや多くのNGOから意見が寄せられたが、それらの意見もふまえ、委員会は、ハーグ・プログラムで求められていたような、ダブリン規則の改正提案[16]を、その附属書である影響評価報告書[17]（以下、委員会2008年影響評価報告書）及びユーロダック規則改正提案[18]とともに2008年12月3日に提出した。現在、その委員会提案に対しては、議会における第一読会の審議の途中である[19]。

## 第2節　ダブリン規則の構成と内容

### 1　ダブリン規則の概要

　ダブリン規則は第1章から第7章までで構成されている。それぞれの章からいくつかの項目をピックアップしてみておく。

　第1章は「目的と定義」として第1条で「第三国国民によって構成国の1つにおい

て申請された庇護申請を審査するのに責任を負う構成国を決定するための基準及び方法を制定する」というこの規則の目的をうたい、第2条で、用語の定義を行っている。

いくつかの用語の定義を確認しておこう。「第三国国民」とは連合市民ではないすべてもの、すなわち、EU構成国の国籍をもたない人であるということ、「難民」とはジュネーブ難民条約によって定められた地位の資格をもち、その資格で構成国の領域に居住する許可をえた第三国国民を意味すること、「保護者に随伴されない未成年」とは、18歳未満の未婚者で、法又は慣習によって彼らに責任を負う大人によって伴われずに構成国の領域に到着し、そのような人からの実効的な保護を受けていない者を意味するが、構成国の領域に入国した後に保護者がいなくなった未成年も含むとされている。

「家族構成員」とは、出身国ですでに形成されていた申請者の家族のうち次の構成員で、構成国の領域にいる者を意味するとして、(i)庇護を求める者の配偶者、又は、関係する構成国の立法若しくは慣行が外国人に関する法の下で未婚のカップルを既婚のカップルと同様に扱っている場合は、安定した関係にある彼若しくは彼女の未婚のパートナー、(ii)(i)に言及されたカップル又は申請者の未成年の子どもで未婚で扶養されている者(婚姻内で生まれたか婚姻外で生まれたかにかかわらない。国内法の下で定義された養子も含む)、(iii)申請者又は難民が未成年で未婚である場合は父、母又は後見人、があげられている。

第2章は「一般的な原則」を規定している第3条と第4条であるが、第3条は重要な原則にふれているので内容を確認しておきたい。第一に、「構成国は、構成国の国境又は国内で行われた、どの国であれ構成国の1つに庇護申請をするいかなる第三国国民の申請についても審査を行う」(第1項)という原則と、それにもかかわらず、「各構成国は第三国国民によって申請された申請を、そのような審査が本規則に規定された基準の下では自国の責任ではなくても審査することができる」という例外が規定されている。この例外規定は「主権条項」と呼ばれるものであり、これによって次に見るような審査国決定の基準は絶対的ではなくなるが、どのような場合にこの規定が適用されるのかは説明がない。この規定を適用した場合は、「その構成国は本規則の意味における責任構成国となり、その責任に伴う義務を引き受ける。適切な場合は、その構成国は以前の責任構成

国、責任構成国決定手続きを行っていた構成国、又は申請者の引き受け又は引き取りを請求した構成国に、情報を与える」(第2項)というように責任国は入れ替わることになる。次に第3項で「いかなる構成国も、自国の国内法に従って、ジュネーブ条約の規定に反しない限りにおいて、庇護申請者を第三国へ送還する権利を保持する」と、庇護申請者を安全な第三国に送還するというそれまでに欧州諸国が行ってきた実行が追認され、最後は庇護申請者に対する情報の付与、すなわち、「庇護申請者は、本規則の適用、時間制限、及びその影響に関して、彼又は彼女が理解できると合理的に期待できる言語で書かれた書面による情報を与えられる」(第4項)ことの保障である。

　第3章は「基準のヒエラルキー」として、審査責任国の決定のための基準が規定されているところであるが、これは後述する。

　第4章は「人道条項」というタイトルの第15条1カ条である。第1項は、「いかなる構成国も、本規則に定められた基準の下では責任を負わない場合でも、とりわけ家族や文化的な考慮に基づいた人道的理由によって、家族構成員及び他の扶養されている親族を一緒にすることができる。この場合は、その構成国は他の構成国の請求によって当該者の庇護申請を審査する。当該者が同意しなければならない」と定める。これは、第3条2項の主権条項のように、第3章の基準に従った審査責任国の決定の例外を認めるものであるが、第3条2項とは次のような点で異なる。すなわち、第15条1項は他の構成国から請求された場合であり、「家族や文化的考慮に基づいた人道的理由」と適用される事例が限定され、また、本人の同意を条件とするものである。第2項は、人道的な配慮から家族を一緒にさせるための条項で、「当該者が妊娠、新生児、重病、重い障害又は老齢のために他人の助けを必要とする場合は、構成国は通常、出身国で家族のつながりが存在していたのなら、庇護を求めるものを構成国の1つの領域に現存する他の親族と一緒にしておく、又は一緒にさせておく」と規定している。第3項は、未成年に関する規定で、「もしも、庇護申請者が保護者に随伴されない未成年で他の構成国に彼又は彼女の世話をする親族がいる場合、構成国は、可能であればその未成年を、それがその未成年の最善の利益ではないというのではない限り、彼又は彼女の親族に統合する」と述べる。最後に、第4項には、国家間の相違を解決するための調停メカニズムを設けることが適切な場合はそれも含

めて、本条の実施のための条件及び手続きの採択が行われるべきと規定している。

　第5章は「引き受け及び引き取り」という、審査責任国が決定されてその国で申請者が実際に審査されるために必要な一連の手続きについて述べているところであるが、これも後述する。

　第6章は「行政的協力」に関する規定であり、個人情報を他国へ通知する場合の手続きや条件、情報の内容などについて規定する第21条、構成国に本規則から生じる義務を果たすための資力の確保を義務づける第22条、二国間での行政取り決めの可能性について触れた第23条からなる。

　最終章である第7章には暫定的条項及び最終規定があり、ダブリン条約の本規則への置き換え（第24条）、期間の計算の仕方（第25条）、委員会を補助するコミティーの設立（第27条）、遅くとも3年後までに委員会が本規則の適用に関する報告と必要な場合の修正をすること（第28条）などが規定されている。

## 2　ダブリン規則が規定しないこと

　ここで、ひとつ、規則が規定していないことについて、注意をしておきたい。ダブリン・システムによってEU諸国に共有されるのは、消極的な効力だけである。1カ国のみが庇護申請を審査するのであるが、その国の審査の結果難民該当性が否定された場合、その後に他の国で再び審査をうけることはできない、したがって、当然難民と認められる可能性もないということである。すなわち、ある国が自国の手続きにおいて難民ではないと下した判断を他の国も共有するということになる。それに対して、積極的な効力、すなわち、ある国が難民と認めた人については、他の国もその人を自国との関係で難民と認めるという積極的な側面の効力は共有されない。たとえば、イタリアで難民と認められた者は、あくまでもイタリアにおいて難民の地位を持つのみであり、フランスやドイツなど他の国においても難民の資格を持つわけではない。EU内では域内における人の自由移動が保障されていることは前述のとおりであるが、そのことがしばしば混乱を招く。つまりある国に入国が認められたら自動的に他のEU諸国にも行くことができるというのは、国境審査を受けなくてもいいという点ではまさにそうなのであるが、ある国で認められた在留期間や在留資格をその

まま他の国でも認められるわけではない。第1章で見たように、1999年のタンペレ理事会で、欧州共通庇護政策の長期的目標として、「共通庇護手続き及び庇護を付与された人のための連合全域で有効な均一の地位の確立」が挙げられているが、それは、EUどこに行っても通じる難民の地位ではないのである（第1章参照）。

他方で、EUは、「長期居住者である第三国国民の地位に関する理事会指令2003/109/EC」[20]によって、ある構成国で5年以上の長期居住をする者には、他の構成国においても、居住の権利や経済活動の権利等一定の権利を保障する枠組みを作っているが、同指令は、第3条2項で適用から除外される第三国国民を列挙しており、そのなかには「難民又は難民認定を申請した者でその申請がまだ最終的な決定を得ていない者」も含まれている。ただし、前章で見たように、リスボン条約で改正後のEU運営条約第78条2項で(a)連合全域で有効な、第三国国民に対する均一の庇護の地位、(b)欧州で庇護を受けていないが、国際的な保護を必要としている第三国国民に対する均一の補完的保護の地位、に関する措置をとることが規定され、ストックホルム・プログラムでは「国際的な保護を与えられる人の保護をEU内の他国へ移動できる枠組み創設の可能性を考えること」という目標設定がされたことから、前述の長期居住者指令に設けられた地位やそれに類似した地位を難民等に保障することになることが予想される[21]。それは、他の構成国における難民等の地位をかなり改善するであろうが、難民認定された国で与えられる待遇や権利よりは劣るはずである。それでも、他の構成国がダブリン規則の積極的な効果を共有する第一歩といえるし、それ以上の展開も将来はありうるかもしれない。

以上のように、ダブリン・システムは、難民審査の責任国を決定するだけでなく、少なくとも今のところは、その後の難民の引き受けをも決定するシステムである。タイトルでは「庇護申請を審査するのに責任を負う構成国を決定」(determining the Member State responsible for examining an asylum application)としか示されてないが、実質的には難民引き受けの責任を負う構成国の決定のシステムである。逆から見れば、庇護申請者が難民として暮らしていくことができる国の決定システムである。そのことからも、どの国で審査がされるのかということが、庇護申請者にとって大変重要な問題であることはいうまでもない。し

かしながら、ダブリン規則は本人が希望する国、すなわち、本人が申請を出した国が審査を行うというシステムではない。どの国に出された申請であっても、同規則の第3章において定められている基準に従って審査責任国が決定され、申請者はその国に移送され審査を受けるという仕組みになっている。その基準とはいかなるものであるか。

## 3　審査責任国決定の基準

　ダブリン規則の第3章、すなわち第5条ないし第14条が、その順番で（第5条1項）、審査責任国決定のための基準を定めているが、責任国の決定は申請時の状況に基づいて行われる（第5条2項）。

　まず、申請者が保護者に随伴されない未成年である場合が、第一に考慮される事由として規定されている。すなわち、「申請者が、保護者に随伴されない未成年の場合は、それがその未成年の最善の利益であれば、申請を審査する責任を負う構成国はその者の家族構成員が合法的にいるところ」となり、「家族がいない場合は、申請を審査する責任を負う構成国は、本人が申請を行ったところ」となる（第6条）。成人の場合は、本人が申請を行ったところという基準は、次に見るように優先順位が低いのであって、それと比べると保護者に随伴されない未成年の場合は、本人の意思が尊重されているということである。

　では、それ以外の人の場合はどのような優先順位で決定されるかというと、家族によるつながりを持つ国（第7条、第8条）、滞在に関係する文書を発行した国（第9条）、非正規に入国を許した国（第10条）、査証なしでの入国を認めており入国をさせた国（第11条）、その国の空港のトランジットエリアで庇護申請を受けた国（第12条）、上記のいずれの場合も当てはまらない場合は申請が申し立てられた国（第13条）という順であるが、以下、少し詳細に見てみる。

　第一に配慮される事項は家族のつながりである。「…申請者に家族がおりその者が難民として居住することを認められている場合は、関係者が望めばその構成国」（第7条）、また「家族の難民申請が本案について最初の決定がまだされていない場合は、関係者が望めばその構成国」（第8条）が審査責任を負うと規定され、また、第14条には、「家族の複数の構成員が、同時又は責任を負う構成国の決定手続きが一緒におこなわれるのに十分くらい近い時期に同じ国において

申請を行った場合で、本規則に規定される基準を適用すると彼らが分離されるだろう場合」は、1カ国がまとめて審査責任を負うことも考慮されている。その1カ国とは、(a)基準によれば家族構成員の最多の人に対して引き受けの責任を負う構成国、又は、(b)それでも決まらない場合は、基準によれば彼らの中の最年長の人の申請の審査に対して責任を負う構成国、である。しかし、ここで言及されているのは、その家族が難民である、あるいは難民の申請をしている場合のみなので、先にみた保護者に随伴されない未成年の場合とは異なる。しかしながら、一般的な場合の難民ではない家族とのつながりは、当規則はまったく考慮していないというわけではなく、これは前述した人道条項(第15条)でカバーされる。

　第二に、滞在に関する文書の発行という事実から生じる責任であるが、それは、1つは居住証(第9条1項)、もう1つは査証(第9条2項)に関連するものである。査証に関しては、複数の国から出されている場合の優先順位も定められており[22]、また、失効した居住証の場合[23]、居住証又は査証が不正に取得された場合[24]についても一定のルールがある。

　第三に挙げられているのは、申請者が第三国から陸路、海路又は空路で非正規に構成国に入国した場合に、その入国した国が責任を負うという基準である(第10条)。この責任は、非正規の国境の越境が起きた日から12カ月経過後に解除されること、また、他の国で以前少なくとも5カ月間継続的に居住していたことが証明されたら、その構成国は庇護申請の審査に責任を負うなどの条件が付加される。非正規の越境が行われるのは、実際は海路及び陸路が多く、この基準が適用されて責任を負うことになるのは、EUの内部国よりも外囲国境をもつ国が多いこと、また、上記の2基準、すなわち家族のつながりや文書の発行といったものよりもその立証が困難であることなど、問題の少なくない基準であることが予想されるだろう。

　第四の基準は、査証の必要性が免除されている国家に申請者が入国した場合にその国が責任を負うこと、第五の基準は、構成国の空港の国際的なトランジットエリアで申請が行われた場合にその国が責任を負うことを明記している。

　そして、第六の基準として、「本規則にリストアップされた基準を基にしては庇護の申請を審査する責任構成国が指定されない場合は、はじめに申請が申し

立てられた国がその審査に責任を負う」(第13条)、として、ここで初めて、申請者自身が選択した国が登場するのである。

委員会の言葉によれば、総じて言えば、これは庇護申請者のEU領域内への入国に最も大きな責任を負う国が審査をするというルールであるという。しかしながら、このルールだけではどうしても処理できない場合のために、先述の2つの裁量条項、つまり、第3条2項の主権条項と第15条の人道条項が用意されている。

### 4 庇護申請者の引き受け及び引き取り

以上のような基準に照らし合わせて審査責任国が決定されたら、第7章の手続きに従って庇護申請者はその責任国へ移送され審査されることになる。

すなわち、責任国は庇護申請者を引き受け(take charge)、審査を完遂する義務を負い、そのためにまた、申請の審査中、取り下げ後、あるいは却下後、許可なく他国にいる申請者を引き取る(take back)義務を負う(第16条1項)が、庇護申請者がその国の領域を去って3カ月が経過した場合は、責任は解除されることになる(3項)。居住証の発行は新たな引き受け責任を生じさせる要因で、もしも他の構成国が居住証を発行したら、審査責任はその国に移り(2項)、また、本来の責任国が居住証を発行したら第3項の場合の責任解除が行われない。第4項には、審査責任国の責任が解除されるもう1つの場合として、申請の取り下げ又は却下後に、申請者が出身国又は合法的に行くことができる他の国に行けるように必要な規定を採択し実施した場合が挙げられている。

第17条は他国への引き受けの請求手続きを定める。原則として、申請が申し立てられた国は、責任国へ引き受けを請求することができるが、もしも、その引き受けの請求が申請の申し立てから3カ月以内になされない場合には、審査責任は申請が申し立てられた国へと移ることになる(1項)。2項には引き受けの許否に関して緊急な回答が必要な場合について、3項は請求の形式について規定する。

第18条は引き受けの決定に関する規定で、請求を受けた国は、請求の受領から2カ月以内に決定を行い(1項)、2カ月以内に行動できなかった場合は請求を受けいれたことになること(7項)、決定手続きには証拠及び状況証拠の要素が

用いられるが(2項)、第3項によれば、証拠とは、「反証によって論破されない限り、本規則に従って責任を決定する正式な証拠」であり、状況証拠とは、「一定のケースでは反証の余地があるが」それがもつ証拠価値によって十分であろうと考えられる指標となる要素であり、事例ごとに評価されるものであるが、これらは別途リストが作成されることになっている[25]。

　第19条は移送に関する規定で、引き受けが決定された場合、庇護申請が申し立てられた国は申請者に対して自国では審査をしないこと及び他国への移送を伝える(1項)。2項にはその決定に含まれるべき情報を規定し、また、決定に対しては上訴又は再審査が受けられることが定められているが、移送は、「国内法の規定によって裁判所又は権限ある機関がその事例に関しては移送の実施を停止すると決定しない限り」停止されないのであって、自動的な停止の効力は保障されていない。移送は原則的には少なくとも決定から6カ月以内に行われ(3項)、それを過ぎたら審査責任は申請が申し立てられた国へと移る(4項)。

　第20条は引き取りに関する規定である。すなわち、庇護申請者が責任国決定の過程の途中で申請を取り下げた場合(第4条5項)、又は、庇護申請の本案の審査の途中／申請を取り下げた後／申請が却下された後に、許可なく他の構成国に行った場合(第16条1項(c)(d)(e))には、その審査を行っている／いた国へ連れ戻され、引き取られることになっている。引き取りの請求はその国が責任を負うことを確認できるような情報とともに行われ、それに対する回答は1カ月以内あるいはユーロダック利用の場合は2週間以内になされなければならず、それを過ぎた場合は引き取りに同意したものとみなされる。この場合の移送は引き取り請求の受領後、原則、少なくとも6カ月以内に行われなくてはならず、引き取りの決定は庇護申請者に通知され、申請者は上訴又は再審査を受けることができるが、移送停止の効力は引き受けの場合と同様に自動的には保障されていない(1項)。移送が期限内に行われなかったら、審査責任は庇護申請が申し立てられた構成国に負わされる(2項)。

　以上が、引き受け及び引き取りに関する手続きであるが、これを図式化すると図2-1のようになるであろう。

## 1：引き受けの場合

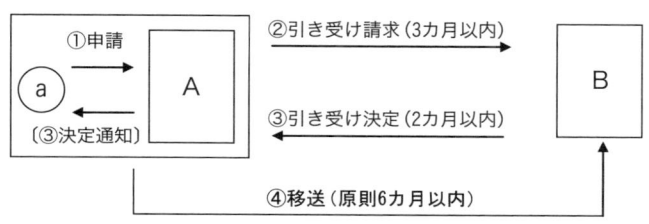

```
         ①申請        ②引き受け請求（3カ月以内）
    ⓐ  →    A   ――――――――――――――→   B
         ←            ③引き受け決定（2カ月以内）
       〔③決定通知〕   ←――――――――――――――
              ④移送（原則6カ月以内）
              ――――――――――――→
```

## 2：引き取りの場合

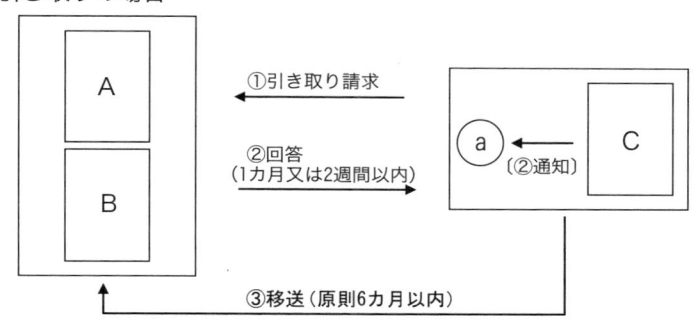

```
    ┌───┐
    │ A │        ①引き取り請求                ┌──────────┐
    ├───┤    ←――――――――――――    │ ⓐ ← C │
    │ B │        ②回答                       │ 〔②通知〕 │
    │   │    （1カ月又は2週間以内）           └──────────┘
    └───┘    ――――――――――――→
              ③移送（原則6カ月以内）
              ←――――――――――――
```

A：審査責任国を決定する国　B：審査責任国　C：A、B以外の構成国　ⓐ：庇護申請者

図2-1　ダブリン規則における引き受けと引き取り

## 第3節　ユーロダックの概要

　先に述べたように、ユーロダック規則は2000年12月に、ユーロダック実施規則は2002年2月に採択され、2003年1月15日に作動し始めたものである。

　ユーロダックは、中央ユニット、指紋の比較のためにデータを処理するコンピューター化された中央データベース、構成国と中央データベースの間でのデータ伝達の手段からなり（ユーロダック規則第1条2項）、中央ユニットは委員会内につくられ、中央データベースの操業に責任をもち、コンピューター化された指紋照合システムをそなえる（第3条）。構成国は、14歳以上の一定の人たちの一定の情報を中央ユニットに伝達するが、その一定の人たちとは、全ての庇護申請者（第4条1項）、国境を非正規に越境して逮捕された外国人（第8条1項）、違法に滞在している外国人（第11条1項）であり、最後のカテゴリーの人たちに関しては選択的で義務ではない[26]。

庇護が申請された場合は、その者に関して、(a)個人情報を提出した国、場所、庇護申請の日、(b)指紋データ、(c)性、(d)個人情報を提出した国によって用いられる参照番号、(e)指紋採取の日、(f)中央ユニットにデータが提出された日、が中央ユニットにデータとして伝達されそこで記録される(第4条1項及び2項、第5条1項)。指紋データは以前自国を含めた構成国から出された上記の人たちのデータと比較される。符合の有無の結果が提出した構成国に伝えられ、その国は結果をチェックして最終的な本人確認を行う(第4条3-6項)。データは10年間保存されそれが過ぎると自動的に消去され(第6条)、また、その者がいずれかの構成国の市民権を得た場合も消去される(第7条)。庇護申請者のデータに関しては、その者が難民と認められたら封鎖される(第12条1項)。

　非正規に国境を越境して逮捕された人に関しても、上記(a)〜(f)までの情報が構成国から中央ユニットに伝達されるが(第8条2項、第9条)、データの保存期間は2年である(第10条1項)。その外国人への居住許可の発行、当該構成国からの出発、いずれかの構成国の市民権の取得があれば、2年をまたずにデータは消去される(2項)。

　違法に滞在している者に関しては、一定の理由がある場合に、以前他の構成国で庇護を申請したことがあるかどうかをチェックするため指紋データを中央ユニットに伝達することができる(第11条1項)。これらの外国人のデータは、庇護申請者のデータとだけ比較され、非正規な国境の越境により逮捕された人のデータとは比較されず、また中央データベースに記録もされない(第11条3項)。

　このようにして、ユーロダックは、庇護申請があったときにその者が以前行った庇護申請や非正規な入国の記録がないか、違法に滞在している者が以前どこかで庇護申請をしていないかを照合して、対象者の引き取り又は引き受けを請求すべき審査責任国の有無を確定するためのシステムである。前述したように、現在、ダブリン規則の改正にあわせて、ユーロダック規則とユーロダック実施規則に関しても、改正案が委員会から出され審議中である。改正案の主な内容は、システム運営の責任主体となる運営当局を新たに設立すること、難民以外の国際的保護を必要とする人たちも対象に含めるように人的範囲を拡大すること、データの消去が確実に実行されるための措置を導入すること、難民認定された申請者による再申請防止のために封鎖されたデータの解除を可能とするこ

と、構成国が裁量条項を適用した場合にそのことを通知させること、個人情報データ保護のための国内責任機関を構成国が指名すること、などが含まれている。

## 第4節　前身のダブリン条約との相違点

　先述したように、ダブリン規則の前身が1990年に採択され1997年に発効したダブリン条約である。同条約はダブリン規則の内容のほとんどをすでに備えていたが、いくつか異なっていた点もあるので、それらをここで確認しておく。

　まず、主権条項についてであるが、適用にあたってダブリン規則では申請者の同意は条件とされてはいないが、ダブリン条約では同意が必要となっていた（第3条4項）。

　ダブリン規則第6条にあたる保護者に随伴されない未成年に関する規定、すなわち、保護者に随伴されない未成年を家族構成員と一緒にさせる、家族のいない場合は本人が申請した場所で審査を行うという規定は設けられておらず、同じく15条に当たる人道条項は、1項に当たる部分のみはあるが、2項、3項の部分、すなわち、人道的な配慮から家族を一緒にさせるための第2項、保護者に随伴されない未成年を親族と一緒にするという第3項に当たる部分はない。

　引き受け及び引き取り手続きも若干異なるところがあった。引き受け請求は遅くとも6カ月以内（ダブリン規則では3カ月）、引き受け請求を受けた国が決定するための期限は1カ月（同2カ月）、引き取りの請求に対して回答する期限は8日間（同1カ月）、引き取り請求を受領してから引き取りを行うまでの期間は1カ月（同6カ月）、と現行と比べて長いものも短いものもあった。引き受け請求の決定後移送を実際に行うまでの期間は原則6カ月で、それのみ現行と同じである。

　また、ダブリン条約の第18条は、この条約の改定や実施のために必要な措置の採択のための委員会を作ることを定めていたが、その委員会によって、家族の問題に関するものを含んだ4つの決定[27]が作成され、それらはダブリン規則の中に活かされている。

## 第5節　ダブリン規則の実績
### ——委員会の2007年報告書及び附属文書

　それでは、上記のようなダブリン・システムは実際にうまく機能したのであろうか？　ダブリン・システムによる審査責任国決定によって、庇護申請者はしかるべき国へ移送されて審査されることになったのだろうか？　ここでは、前述の2007年委員会報告書とその附属文書からいくつかの点を取り出して、2003年9月から2005年12月までの2年半のダブリン規則の実績とそれに関する委員会の分析を見ておこう。委員会の附属文書に示される情報は、委員会が2005年7月に各構成国に対して送付した質問に対する回答及び定期的に構成国から寄せられる統計データなどに依拠している。データの取り方が構成国間で異なるなどの問題もあり、また、委員会の分析の仕方も多くの批判を受けているものであるが、それらの批判はダブリン・システムの問題点を扱う第3章で検討することとして、本節ではひとまずそれらの批判や議論のたたき台となっている委員会が示す実施状況に関するデータ、及びそれに関する委員会のコメントや現状分析を確認しておきたい。ダブリン規則は、現在全てのEU構成国とアイスランド、ノルウェー及びスイスに適用がある[28]。オプトアウトが認められているデンマークは(第1章参照)、ダブリン条約の締約国であったがダブリン規則の適用は2006年4月からで、また、2004年以降のEU新加盟国への適用は加盟のときから始まるため、委員会が扱っている2005年までの統計には反映されていない部分もある。

　以下、ダブリン規則の実績、ユーロダックの実績、ダブリン規則の効果的な適用に関する分析、ダブリン・システムが生み出す人の流れの分析、と見ていくが、前半の2つに関しては、上記資料から委員会のコメントや提案の部分は省いて資料的なものだけをここでは抜き出し、後半の2つは、委員会の現状分析をそのまま示しておく。本節の以下に出てくる叙述は、著者が構成を組み替えたり、言葉を補ったり、表の番号を付け替えたりしたところはあるが、その内容や分析は全て著者ではなく委員会によるものである。

### 1　ダブリン規則の実績
(a)　ダブリン請求数と庇護申請数全体における割合

ダブリン規則に基づいた審査責任国として庇護申請者の引き受け、又は引き取り（審査が完遂する前に庇護審査者が他国に行ってしまった場合）の請求を両方あわせて、「ダブリン請求」、またダブリン請求に基づいた移送を「ダブリン移送」と表記することとする。表2-1は構成国全体でのダブリン請求に関する絶対数、表2-2は構成国全体でのダブリン請求に関する相対数（割合）、表2-3は各国別のダブリン請求に関する絶対数をそれぞれ示した表である。

表2-1 ダブリン条約とダブリン規則の適用（絶対数）

|  | ダブリン条約 | | ダブリン規則 | |
|---|---|---|---|---|
| 地理的範囲 | EU15カ国 | | EU24カ国*＋アイスランド＋ノルウェー | |
| 期間 | 1998.1〜1999.12 | | 2003.9〜2005.12 | |
|  | 入データ | 出データ | 入データ | 出データ |
| 請求 | 42,525 | 39,521 | 72,281 | 55,310 |
| ユーロダックによる請求 | × | × | 38,807 | 28,393 |
| 受け入れ | 29,514 | 27,588 | 52,952 | 40,180 |
| 拒否 |  |  | 14,132 | 10,536 |
| 移送 | 10,896 | 10,998 | 16,099 | 16,842 |

＊EU24カ国とは、現在の27構成国からデンマーク並びに2007年に加盟したブルガリア及びルーマニアを除いた諸国。

表2-2 庇護統計一般におけるダブリン条約とダブリン規則の適用（相対数）

|  | ダブリン条約 | | ダブリン規則 | |
|---|---|---|---|---|
| 地理的範囲 | EU15カ国 | | EU24カ国*＋アイスランド＋ノルウェー | |
| 期間 | 1998.1〜1999.12 | | 2003.9〜2005.12 | |
| 庇護申請合計数 | 655,204 | | 589,499 | |
|  | 入データ | 出データ | 入データ | 出データ |
| ダブリン請求数／庇護申請数 | 6.40% | 6% | 15.14% | 11.59% |
| ユーロダックによる請求数／ダブリン請求数 | × | × | 54% | 58.5% |
| ダブリン受け入れ数／ダブリン請求数 | 69% | 69% | 73% | 72% |
| ダブリン受け入れ数／庇護申請数 | 5% | 4.21% | 11.09% | 8.42% |
| ダブリン移送数／ダブリン受け入れ数 | 25.62% | 27.8% | 40.04% | 52.28% |
| ダブリン移送数／庇護申請数 | 1.66% | 1.67% | 4.05% | 4.28% |

表2-3　ダブリン規則の下での引き受け及び引き取り請求(2003.9～2005.12)

|  | 出データ合計 | 他国への引き受け請求数 | 他国への引き取り請求数 | 入データ合計 | 他国からの引き受け請求数 | 他国からの引き取り請求数 |
|---|---|---|---|---|---|---|
| チェコ | 724 | 253 | 471 | 834 | 398 | 436 |
| エストニア | 1 | 1 | 0 | 5 | 5 | 0 |
| ギリシャ | 52 | 20 | 32 | 2,908 | 1,792 | 1,116 |
| スペイン | 446 | 327 | 119 | 1,345 | 1,088 | 257 |
| アイルランド | 760 | 14 | 746 | 262 | 126 | 136 |
| イタリア | 1,509 | 606 | 903 | 5,078 | 2,362 | 2,716 |
| キプロス | 5 | 2 | 3 | 21 | 12 | 9 |
| ラトヴィア | 0 | 0 | 0 | 10 | 10 | 0 |
| リトアニア | 5 | 4 | 1 | 51 | 27 | 24 |
| ルクセンブルグ | 321 | 50 | 271 | 162 | 6 | 156 |
| ハンガリー | 62 | 15 | 47 | 1,574 | 965 | 609 |
| マルタ | 3 | 0 | 3 | 241 | 5 | 236 |
| オランダ | 3,658 | 654 | 3,004 | 5,539 | 754 | 4,785 |
| ポルトガル | 47 | 11 | 36 | 121 | 89 | 32 |
| スロヴェニア | 101 | 17 | 84 | 453 | 161 | 292 |
| スロヴァキア | 154 | 82 | 72 | 2,919 | 367 | 2,552 |
| フィンランド | 3,181 | 397 | 2,784 | 1,317 | 550 | 767 |
| スウェーデン | 11,688 | 4,515 | 7,173 | 7,213 | 1,175 | 6,038 |
| イギリス | 5,135 | 604 | 4,531 | 793 | 37 | 756 |
| アイスランド | 61 | 10 | 51 | 6 | 2 | 4 |
| ノルウェー | 5,732 | 992 | 4,740 | 4,094 | 15 | 4,079 |
| 計 | 33,645 | 8,574 | 25,071 | 34,946 | 9,946 | 25,000 |
| 合計% | 100% | 25% | 75% | 100% | 28.46% | 71.54% |

ベルギー、ドイツ、フランス、オーストリア、ポーランドは引き受け請求と引き取り請求に差がないので表に登載せず。

　2003年9月から、2005年の12月までの2年3カ月で、構成国全体では約72,300件のダブリン請求を受け、55,300件のダブリン請求を行った(表2-1)。庇護申請数全体の中でのダブリン請求数の割合は、入データ(他の国からのダブリン請求)で約15％、出データ(他の国へ出したダブリン請求)では約12％で、それらのうち半数強がユーロダックによる請求である。また、ダブリン条約の時と比較すると、割合は倍増している。受けたダブリン請求に対して、それを受け入れた割

合は入データ、出データともに70%強でこれはダブリン条約の時とほぼ同じ割合である。ダブリン請求の受け入れ数を庇護申請全体の中での割合にしてみると入データで11%、出データで8%になり、条約時代からやはり倍増している。ダブリン請求が受け入れられたものの中で実際に移送が行われた割合は、入データが40%、出データが52%で約半数であるが、これも条約の時代からは倍増しており、実際の移送につながる割合が多くなっていることが分かる。全庇護申請数のうちのダブリン移送の割合は4%強であり、ダブリン条約時代からは倍増以上である(以上、表2-2)。

(b)　審査国決定の各基準

　家族統合に関する基準(第6-8条、第14条)に関して、保護者に随伴されない未成年について正確な数字を出している国はあまりないが、オランダの場合他国への引き受け請求654件のうち16件、他国からの請求754件のうち10件がこれにあたり、イギリスの場合他国への引き受け請求604年中5件、他国からの請求37件中14件がこれにあたる。引き受け請求だけでなく、引き取り請求の場合も子どもの最善の利益が優先されているのかという懸念、及び年齢の評価の難しさなどが問題としてあげられる。家族統合に関する基準の適用のケースはあまりないが、ドイツの他国からの請求は122件、他国への請求の88件がそうであり、イギリスの他国からの請求54件、他国への請求46件がそうであった。問題点としては、立証基準がしばしば障害になっていることがあげられ、多くがDNAの証拠を用いている。

　文書に関する基準(第9条)は適用が多いものである。2005年は、ギリシャの他国からの請求の13%にあたる401件、イタリアの他国からの請求の6%にあたる313件、ドイツの他国からの請求の2,789件(全14,680件中)、他国への請求824件、オランダの他国への請求201件、イギリスの他国への請求の133件がこの基準による。ただし、大部分が査証の発行によるものである。

　非正規な入国/滞在に関する基準に関しては、第10条1項の下での引き受け請求が、実際に移送された数をはるかに上回っていることが指摘できる。構成国から、ユーロダックに基づいた証拠が欠如していること、及び非正規入国者の指紋押捺の義務があまり適用されていないことが指摘されている。5カ月以上の滞在による責任の転嫁はさらに適用が少なく、それは、立証の困難性が原

因である。

査証が不必要な場合の合法的な入国に関する基準(第11条)が用いられている事例は少ない。

他の基準が当てはまらない場合のはじめに申し立てられた国という基準(第13条)は、引き取りの場合には使えない条項のはずであるが、当初は混乱があった。

(c) 裁量条項の用いられ方

主権条項(第3条2項)に関しては、2通りの使われ方があることがわかる。オーストリア、フィンランド、アイルランドは、欧州人権条約第3条違反(拷問及び非人道的な又は品位を傷つける取扱い又は刑罰の禁止)のおそれがあるとき、家族構成員の離散防止、ノン・ルフールマン原則(難民の場合は迫害を受けるおそれのある国・地域への追放・送還を禁止する原則で難民条約第33条1項に規定されている)違反の連鎖的な追放の防止といった人道的理由で主権条項を適用している。他方、ドイツ、イタリアはより実務的な理由、例えば、請求を迅速な手続きで処理する方が資力の節約になる場合などにこれを適用している。ダブリン規則の下では、ダブリン条約とは異なり庇護申請者の同意は不必要となっており、これには申請者は申請した国での審査に異議はないだろうという前提があるのだが、家族の統合が関わるときなど、そうとも言えない場合がある。

人道条項(第15条、実施規則第4章)の適用状況は、国によって広く異なる。まったく用いていない国もあるし、ポーランドのように50%がそうである国もある。ほとんどの国が迅速に回答をもらえないと主張しているが、それには、実施規則の第13条3項に必要なチェックをする被請求国の義務が規定されていることも関係しているであろう。オーストリアは人道条項の裁量的な性質にも関わらず、親族の再統合をしないことは欧州人権条約第8条(私生活及び家族生活の尊重)違反になるケースもあると考えている。時間制限については「引き受け」請求の締め切りが適用されるべきと考える構成国もあるし、人道条項と引き受け請求の規定は異なるセクションにあるから締め切りはあてはまらないと考える国もある。実施規則では、書面での申請者の同意が必要となっているが、どの構成国がその同意を得ないといけないかは不明で、一般的には、その領土内に居住している人の同意をそれぞれがとることで同意されている。実施規則には人道

条項の適用に関する紛争解決のための調停メカニズムが規定されているが、それは拘束的な決定を無効にはしないので影響力をもたず、構成国は調停メカニズムをまだ活用していない。

(d) 庇護申請者の引き受け又は引き取り請求（第5章）

「引き受け」請求の手続き（第16条1項(a)、第17-19条）について、時間制限は大体において満足されているが、緊急の場合の引き受けの回答が1週間という時間制限は短すぎると考えている国もある。しかし、いくつかの国やUNHCRはさらに短くするべきと主張している。証拠に関しては、しばしば、その提供が困難であり構成国からダブリン規則の効率的な適用の障害となっていると考えられている。引き取り請求の手続き（第20条）に関しては、時間制限の規定が設けられておらず、UNHCRや構成国の中にはそれがダブリン・システムの効率性に悪影響を与えていると考えているものもある。

(e) 庇護申請者の移送

期間内に合計16,099件の入国移送があり、16,842件の出国移送があったが、いくつかのデータは紛失しているので、これは主たる傾向の指標と考えるべきである。数がひとけたであるリトアニア、エストニア、マルタの3カ国を除いて、すべての国において実際の移送数は請求の受け入れ数より少ない。移送率の平均は52％、最大がチェコの91.51％、70％以上はイギリス、アイスランド、ルクセンブルグ、オランダであり、50－70％はノルウェー、ドイツ、アイルランドである。15－32％を占めるのが、フィンランド、ギリシャ、イタリア、スロヴェニア、ハンガリー、ポーランド、スペイン、スロヴァキア、オーストリアで、最下位のオーストリアでは14.9％である。移送に至らない主な理由は、申請者の逃亡であるが、その他として、上訴の効果としての移送の停止、病気、トラウマ、自発的帰還などがあげられる。

実効的に移送を行っている国の中で、イギリス、アイスランド、ルクセンブルグ、オランダは責任国決定の全過程で拘禁を行うのが通常であるか、あるいは最終決定がされると即時に拘禁が行われる。チェコは決定後短期間で移送を実行しているが、庇護申請をした者も含めてすべての逮捕された移民を拘束するのが通常である。ノルウェーとアイルランドは拘禁措置をより制限的に適用しており、また、実際の移送の割合が平均を下回る国のほとんどは拘禁をほと

表2-4　ダブリン・システム内での他国への移送　2003年9月～2005年12月

|   |   | 実効的な他国への移送割合 | 他国への請求の受け入れられた数 | 他国への移送の実行された数 |
|---|---|---|---|---|
| 1 | リトアニア | 100.00% | 4 | 4 |
| 2 | エストニア | 100.00% | 1 | 1 |
| 3 | マルタ | 100.00% | 1 | 1 |
| 4 | チェコ | 91.51% | 566 | 518 |
| 5 | イギリス | 88.43% | 3,165 | 2,799 |
| 6 | アイスランド | 84.61% | 39 | 33 |
| 7 | ルクセンブルグ | 75.65% | 571 | 432 |
| 8 | オランダ | 73.13% | 1,969 | 1,440 |
| 9 | ノルウェー | 62.25% | 4,893 | 3,046 |
| 10 | ドイツ | 57.59% | 10,694 | 6,159 |
| 11 | アイルランド | 50.00% | 717 | 361 |
| 12 | フィンランド | 32.16% | 2,285 | 735 |
| 13 | ギリシャ | 29.16% | 24 | 7 |
| 14 | イタリア | 27.80% | 223 | 62 |
| 15 | スロヴェニア | 25.80% | 31 | 8 |
| 16 | ハンガリー | 24.00% | 25 | 6 |
| 17 | ポルトガル | 23.80% | 42 | 10 |
| 18 | スペイン | 23.82% | 256 | 61 |
| 19 | スロヴァキア | 20.62% | 223 | 46 |
| 20 | オーストリア | 14.98% | 6,373 | 955 |
| 21 | ラトヴィア | 0% | 0 | 0 |
| 22 | キプロス | 0% | 2 | 0 |
| 23 | ポーランド | N/A | N/A | N/A |
| 24 | ベルリン | N/A | N/A | N/A |
| 25 | スウェーデン | N/A | N/A | N/A |
| 26 | フランス | N/A | N/A | N/A |

んどしないか全くしていない。フィンランドは即決移送の場合のみおもに拘禁を行っている。委員会は、移送決定を受けた庇護申請者の拘禁は可能であるべきであると考える。しかしながら、拘禁は、庇護申請者が逃亡する高い危険性があると信じる客観的な理由があるので他の非拘禁的な手段では満足いく結果が得られないときに、最終的な手段としてのみ用いられるべきである。さらに、家族、医療を必要とする人、女性、保護者に随伴されない未成年の状況に適切な考慮がされるべきである。

多数の国は一定の限られた場合に申請者に行政当局が付き添って移送を行っている。ドイツ、ベルギー、スウェーデンは出国の時まで付き添いを行い、アイスランド、ルクセンブルグ、スロヴァキア、エストニア、ラトヴィアは自動的に付き添いを行っている。

再審査に関しては、オーストリアとノルウェー以外は割合が少ない。オーストリアとポルトガルのみ再審査の際に移送決定が自動的に停止されている。移送決定の司法的な審査はダブリンの基準に限るのか、欧州人権裁判所のT.I.対UK事件（第3章参照）のように受入国の法的事実的な状況の審査も含むのか不明である。効果的な救済へのアクセスが保障されていない場合もある。また、移送がされたのちに判定が覆った場合、引き取りのためにどちらの国がコストを負担するのか不明であるとの声がある。

(f) 情報及び構成国間の実務協力について

構成国間の行政的な協力の1つであるダブリネット（第22条2項）は、2カ国のテクニカルな国内のアクセスポイント間でデータ交換をするものである。すべての構成国がセキュリティーの確保されたダブリネットのみを用いているわけではないことが個人情報の交換の際には問題となっている。2005年に技術的な評価が行われ、中央管理化された制度の導入が検討されている。構成国は安全上の理由で情報の提供を拒むこともできるし、情報の提供には申請者本人の承諾が必要である。請求を受けてから回答をするまでの期間は6週間以内という期限があるが、それに違反しても制裁はない。UNHCRやいくつかの構成国はこの期間を短くすることを主張している。

構成国間の実務協力（第23条）に関しては、委員会はリエゾン・オフィサーの設置を有用と考える。第23条2項に従って構成国は二国間協定を委員会に確認のために通知する必要がある。ダブリン規則の起草時、当初の委員会提案にあって理事会で否定された問題、すなわち、構成国が、良く定義された状況において庇護申請者の同数の交換を「無効」にするという二国間協定を締結する可能性を考えることを委員会は提案する。

庇護申請者自身はなぜ他国に移送されるのかがわかっていない事例が多いが、庇護申請者に対して良い説明をしている国もある。

## 2 ユーロダックの実績

2003年1月15日からユーロダックの中央ユニットが作動しており、一日7,500件、1時間500件の取り引きが可能で正確度は99％である。データの処理にかかる時間制限について実施規則は24時間以内と定めているが、中央ユニットはその制限時間内に間に合うように作動している。実施規則第3条1項に従って、中央ユニットはただちにデータの質をチェックするが、6％が品質欠損で却下されている。

### (a) 構成国による提出データの総計

庇護の申請者(カテゴリー1)として提出されたデータは、これまでに657,753件あり、その内訳は2003年238,325件、2004年232,205件、2005年187,223件と、2005年は2003年に比べて21.44％減少している。これはEUにおける庇護申請の一般的な減少(2003年から2005年までに31.4％減少)を反映していると考えられる。

外囲国境の非正規な越境に関連して逮捕された外国人(カテゴリー2)として提出されたデータは48,657件であり、これは増加しているが、外囲国境での非正規な移民の多さを考えると非常に少ない。それには、外囲国境を非正規に越境してその直後に庇護申請した場合、カテゴリー1の提出だけされるという要因もある。

構成国に不法に滞在していたのが見つかった外国人(カテゴリー3)に関して提出されたデータは101,884件で増加傾向にある。ただし、この規定は選択的性格であり、構成国はこのデータを必ずしも提出しなくてもよい。

提出にかかる時間は数時間から30日以上に及んでいる。

### (b) データの比較の結果(符合)

カテゴリー1で提出されたデータがカテゴリー1として存在していたデータと符合する場合(庇護申請者が以前どこかで庇護申請していたということを意味する)に関しては、自国が以前中央ユニットに送付したデータとの比較を行うかどうかは構成国の選択に任されているので、構成国はしばしばこれを行っていないことが指摘できる。また、二次的な移動は主に近隣諸国でおきており、イタリア、キプロスなどでは庇護申請者は同じ国へ2度申請する傾向にある。重複申請は2003年7％から2005年16％へと増加している(表2-5の左から3列目)。

カテゴリー1で提出されたデータが、カテゴリー2として存在していたデー

タと符合する場合(庇護申請者が非正規な越境者として登録されていたということを意味する)は、スペイン、イタリア、ギリシャによって以前に出されたデータに符号する場合が見受けられる。イタリアではそれが73％を占める。さらに遠くに行く人は特にイギリス、フランスへ行き申請している。

　カテゴリー3で提出されたデータがカテゴリー1として存在していたデータと符合するという事例(以前庇護申請をしていた者が不法滞在してEU内に留まっているということを意味する)に関して言えば、多くの国で庇護申請が却下された人は次の国へ行かないようであり、特に、ポーランドとスロヴァキアでそうである。2005年はドイツ、オランダ、ノルウェー、チェコが、符合件数が多い。不法滞在中に捕まった19％近くの人が以前庇護申請を行っている。ただし、カテゴリー3は義務的ではないものである。

(c)　データの封鎖、削除、保護

　ユーロダック規則第12条には難民として認められた人のデータを封鎖することが規定されている。2005年には6,711件が封鎖された。しかしながら、2004年には21件のカテゴリー1データが封鎖されたデータに符合し、2005年は44件が符合した。6,711件というのは、過去3年間に難民として認められた件数64,429件に比べて遥かに少ないので、構成国は10％しか正確に封鎖していないということになる。補完的な保護が与えられた場合は封鎖の対象とはならない。

　市民権取得(カテゴリー1、カテゴリー2)、出国又は居住許可(カテゴリー2)の場合にはデータを削除しなければならないが、それについての適切な統計を取るのは難しい。これは主に構成国がどの理由でデータを削除したのか特定していないからであろう。したがって、各タイプの削除のためにそれぞれ特定のコードを導入すれば、事前の削除の義務が完全に尊重されているか否かの評価に役立つであろう。しかし、データを伝達した国が市民権取得等の事実を気づかないこともある。

　2005年12月31日現在の中央データベースの状態としては、651,455件の庇護申請者のデータと40,523件の非正規外囲国境越境者のデータが存在している。データ所有者本人は、自分の情報を訂正、消去又は封鎖してもらう権利をもつ場合があるが、そのためのデータの伝達は通常のものとは区別するために「特別検索」とよぶ。いくつかの国ではこの特別検索の数が驚くほど多い。

## 3 ダブリン規則の効果的な適用に関する分析

重複申請は2005年に約16％であり、この高い数字は、ダブリン・システムは「アサイラム・シッピング」現象に対して期待された抑止効果がないということを示している（表2-5）。

ユーロダックから得られた証拠により構成国が非正規な入国を許したという理由で庇護申請者を引き受ける割合がどのくらいあるかに関しては、統計が存在しない。しかし、ドイツなど外囲国境がない国は、申請者がいつどの国からEUの領域に入ったか特定をするのは、現在はほとんど不可能であると言っている。また、複数の符合があるという複雑な事例もあり、それらは3カ月以上の不在や出身国への帰還のため責任を解除される場合と考えられる。

表2-5　2003年1月から2005年12月までに申請された重複庇護申請

| | ユーロダックに登録された申請数 | 全重複申請数 | 重複申請数／ユーロダックに登録された庇護申請数 | 三回以上の重複申請数 | 三回以上の重複申請数／ユーロダックに登録された庇護申請数 |
|---|---|---|---|---|---|
| 2003 | 238,325 | 16,429 | 6.89% | 1,860 | 0.78% |
| 2004 | 232,205 | 31,307 | 14.48% | 7,873 | 3.39% |
| 2005 | 187,223 | 31,636 | 16.89% | 9,307 | 4.97% |
| 合計 | 657,753 | 79,372 | 12.06% | 19,040 | 2.89% |

## 4 ダブリン・システムによって生じた人の流れの分析

ダブリン規則による受け入れ、送り出し数に関しては、構成国間での大きな絶対数の差がある。入国移送の多いのはドイツとポーランドで、47％が両国へむかうものである。出国移送が多いのはドイツとイギリスで、71％が両国によるものである。入国移送と出国移送の比率で3つのグループに分類できるが、入国移送の方が出国移送より多い国として、ギリシャ、マルタ、ハンガリー、スロヴェニア、スロヴァキア、ラトヴィア、イタリア、ポーランド、スペイン、ポルトガル、キプロス、オーストリア、出国移送の方が入国移送より多い国として、アイルランド、イギリス、ルクセンブルグ、チェコ、アイスランド、出国移送と入国移送がほぼ同数であるのがドイツ、オランダである（表2-6）。資料がないスウェーデンは入国移送が多く、ベルギーとフィンランドは出国移送

が多いだろうと考えられる。入国移送が出国移送より多い国が、必ずしも純移送数が多いとは限らない。大多数の移送は外囲国境に位置する構成国に向かうという広く共有されていた仮定とは逆に、外囲国境国と非外囲国境国の全体としての配分は実際にはむしろ均衡しているように見える。2005年に外囲国境国への移送数の合計は3,055であり、非外囲国境国への移送数は5,161であった(注:外囲国境国とは、ギリシャ、マルタ、ハンガリー、スロヴェニア、スロヴァキア、ラトヴィア、イタリア、ポーランド、スペイン、リトアニア、ポルトガル、キプロス、エストニアの13カ国である。実際の地理上の外囲国境をもつ国とは多少異なって定義されて

表2-6　2005年ダブリン地域内での入国及び出国移送(絶対数及び割合)

| | | 入国移送 | 出国移送 | | | 入国移送と出国移送の比率 |
|---|---|---|---|---|---|---|
| 1 | ドイツ | 2,716 | 2,748 | 1 | ギリシャ | 58-1 |
| 2 | ポーランド | 1,196 | 148 | 2 | マルタ | 39-1 |
| 3 | オランダ | 862 | 982 | 3 | ハンガリー | 26.6-1 |
| 4 | スロヴァキア | 453 | 32 | 4 | スロヴェニア | 17.4-1 |
| 5 | イタリア | 419 | 47 | 5 | スロヴァキア | 14-1 |
| 6 | イギリス | 366 | 1,824 | 6 | ラトヴィア | 10-0 |
| 7 | ギリシャ | 350 | 6 | 7 | イタリア | 8.9-1 |
| 8 | スペイン | 315 | 52 | 8 | ポーランド | 8-1 |
| 9 | オーストリア | 805 | 589 | 9 | スペイン | 6-1 |
| 10 | ハンガリー | 160 | 6 | 10 | リトアニア | 3.7-1 |
| 11 | チェコ | 114 | 359 | 11 | ポルトガル | 3.2-1 |
| 12 | スロヴェニア | 87 | 5 | 12 | キプロス | 2-0 |
| 13 | ルクセンブルグ | 72 | 257 | 13 | オーストリア | 1.3-1 |
| 14 | アイルランド | 45 | 262 | 14 | エストニア | 1-1 |
| 15 | マルタ | 39 | 1 | 15 | ドイツ | 1-1 |
| 16 | ポルトガル | 16 | 5 | 16 | オランダ | 1-1.1 |
| 17 | リトアニア | 15 | 4 | 17 | チェコ | 1-3.2 |
| 18 | ラトヴィア | 2 | 0 | 18 | ルクセンブルグ | 1-3.5 |
| 19 | キプロス | 2 | 0 | 19 | イギリス | 1-5 |
| 20 | エストニア | 1 | 1 | 20 | アイルランド | 1-5.8 |
| 21 | アイスランド | 1 | 19 | 21 | アイスランド | 1-19 |
| 22 | ベルギー | 180 | N/A | 22 | ベルギー | N/A |
| 23 | フィンランド | N/A | 735 | 23 | フィンランド | N/A |
| 24 | スウェーデン | N/A | N/A | 24 | スウェーデン | N/A |
| 25 | ノルウェー | N/A | 848 | 25 | ノルウェー | N/A |
| 26 | フランス | N/A | N/A | 26 | フランス | N/A |

いる)。

　入国移送と出国移送の差をとらえて、ダブリン規則の適用によって実際に自国が引き受ける庇護申請者が増加したか否かを考えてみると、実際は、ほとんどの国では5％を超えた庇護申請者の合計数の増減はなかった。しかしながら、ポーランドの場合は20％増で、スロヴァキア、リトアニア、ラトヴィア、ハン

表2-7　2005年ダブリン移送数と庇護申請数　(実際)

| 絶対数 | | | | | | 相対数 | | |
|---|---|---|---|---|---|---|---|---|
| | | 純ダブリン移送数(入国－出国移送数) | | | 庇護申請数 | | | 純ダブリン移送数／庇護申請数(％) |
| 1 | ポーランド | 1,048 | 1 | フランス | 42,572 | 1 | ポーランド | 19.28 |
| 2 | スロヴァキア | 421 | 2 | イギリス | 30,460 | 2 | スロヴァキア | 12.06 |
| 3 | イタリア | 372 | 3 | ドイツ | 29,915 | 3 | リトアニア | 11.00 |
| 4 | ギリシャ | 344 | 4 | オーストリア | 22,460 | 4 | ラトヴィア | 10.00 |
| 5 | スペイン | 263 | 5 | スウェーデン | 17,570 | 5 | ハンガリー | 9.56 |
| 6 | オーストリア | 216 | 6 | ベルギー | 15,360 | 6 | ポルトガル | 9.56 |
| 7 | ハンガリー | 154 | 7 | オランダ | 12,320 | 7 | スロヴェニア | 5.29 |
| 8 | スロヴェニア | 82 | 8 | イタリア | 9,346 | 8 | スペイン | 5.20 |
| 9 | マルタ | 38 | 9 | ギリシャ | 8,285 | 9 | ギリシャ | 4.15 |
| 10 | ポルトガル | 11 | 10 | キプロス | 7,715 | 10 | イタリア | 4.13 |
| 11 | リトアニア | 11 | 11 | ポーランド | 5,435 | 11 | マルタ | 3.67 |
| 12 | ラトヴィア | 2 | 12 | ノルウェー | 5,400 | 12 | オーストリア | 0.96 |
| 13 | キプロス | 2 | 13 | スペイン | 5,050 | 13 | キプロス | 0.02 |
| 14 | エストニア | 0 | 14 | アイルランド | 4,320 | 14 | エストニア | 0 |
| 15 | アイスランド | -18 | 15 | フィンランド | 3,595 | 15 | ドイツ | -0.1 |
| 16 | ドイツ | -32 | 16 | チェコ | 3,590 | 16 | オランダ | -0.97 |
| 17 | オランダ | -120 | 17 | スロヴァキア | 3,490 | 17 | イギリス | -4.78 |
| 18 | ルクセンブルグ | -185 | 18 | ハンガリー | 1,610 | 18 | アイルランド | -5.02 |
| 19 | アイルランド | -217 | 19 | スロヴェニア | 1,550 | 19 | チェコ | -6.82 |
| 20 | チェコ | -245 | 20 | マルタ | 1,035 | 20 | アイスランド | -20 |
| 21 | イギリス | -1,458 | 21 | ルクセンブルグ | 800 | 21 | ルクセンブルグ | -23.1 |
| 22 | ベルギー | N/A | 22 | ポルトガル | 115 | 22 | ベルギー | N/A |
| 23 | フィンランド | N/A | 23 | リトアニア | 100 | 23 | フィンランド | N/A |
| 24 | スウェーデン | N/A | 24 | アイスランド | 87 | 24 | スウェーデン | N/A |
| 25 | ノルウェー | N/A | 25 | ラトヴィア | 20 | 25 | ノルウェー | N/A |
| 26 | フランス | N/A | 26 | エストニア | 10 | 26 | フランス | N/A |

ガリー、ポルトガルの場合は約10％増である。ルクセンブルグとアイスランドの場合は、庇護申請者は20％くらい減っている（表2-7）。

しかし、この数字は、実際に実行された移送をもとにしたものである。受け入れられた請求数と移送数は異なり、現実の流れとは異なる潜在的な流れを分析すると表2-8のようになる。すべて移送が実行されたら申請者数が増加する

表2-8　2005年ダブリン移送数と庇護申請数（潜在的）

| | 絶対数 | | | | | 相対数 | |
|---|---|---|---|---|---|---|---|
| | | 純ダブリン受け入れ数（入国－出国受け入れ数） | 入国ダブリン受け入れ数 | 出国ダブリン受け入れ数 | | | 純ダブリン受け入れ数／庇護申請数（％） |
| 1 | ポーランド | 2,308 | 2,395 | 87 | 1 | ハンガリー | 46.64 |
| 2 | スロヴァキア | 1,565 | 1,768 | 203 | 2 | スロヴァキア | 44.84 |
| 3 | スウェーデン | 1,334 | 2,802 | 1,468 | 3 | ポーランド | 42.46 |
| 4 | ギリシャ | 978 | 992 | 14 | 4 | ポルトガル | 20.00 |
| 5 | ハンガリー | 751 | 763 | 12 | 5 | ラトヴィア | 20.00 |
| 6 | イタリア | 739 | 842 | 103 | 6 | リトアニア | 19.00 |
| 7 | スペイン | 395 | 583 | 188 | 7 | スロヴェニア | 16.83 |
| 8 | スロヴェニア | 261 | 273 | 12 | 8 | ギリシャ | 11.80 |
| 9 | マルタ | 106 | 106 | 0 | 9 | マルタ | 10.24 |
| 10 | ノルウェー | 98 | 1,269 | 1,171 | 10 | イタリア | 8.20 |
| 11 | チェコ | 45 | 401 | 356 | 11 | スペイン | 7.82 |
| 12 | キプロス | 31 | 32 | 1 | 12 | スウェーデン | 7.59 |
| 13 | ポルトガル | 23 | 47 | 24 | 13 | ノルウェー | 1.84 |
| 14 | リトアニア | 19 | 23 | 4 | 14 | チェコ | 1.25 |
| 15 | ラトヴィア | 4 | 4 | 0 | 15 | キプロス | 0.40 |
| 16 | エストニア | 0 | 1 | 1 | 16 | エストニア | 0 |
| 17 | オランダ | -9 | 1,166 | 1,175 | 17 | オランダ | -0.07 |
| 18 | アイスランド | -18 | 1 | 19 | 18 | ドイツ | -0.2 |
| 19 | ドイツ | -66 | 4,464 | 4,530 | 19 | ベルギー | -3.93 |
| 20 | ルクセンブルグ | -188 | 116 | 304 | 20 | イギリス | -4.14 |
| 21 | アイルランド | -224 | 77 | 301 | 21 | アイルランド | -5.18 |
| 22 | ベルギー | -605 | 1,059 | 1,664 | 22 | オーストリア | -10.57 |
| 23 | フィンランド | -636 | 292 | 928 | 23 | フィンランド | -17.7 |
| 24 | イギリス | -1,263 | 519 | 1,782 | 24 | アイスランド | -20 |
| 25 | オーストリア | -2,375 | 1,802 | 4,177 | 25 | ルクセンブルグ | -23.5 |
| 26 | フランス | N/A | N/A | N/A | 26 | フランス | N/A |

であろう国は、ハンガリー、スロヴァキア、ポーランド、ポルトガル、ラトヴィア、スロヴェニア、ギリシャ、マルタ、イタリア、スペイン、スウェーデンであり、逆に減少するであろう国は、アイスランド、ルクセンブルグ、オーストリア、イギリス、アイルランドである。ドイツ、オランダ、キプロス、チェコに関しては、あまり影響がない。つまり、ダブリン請求が相手国に受け入れらた分の移送がすべて実際に行われた場合、外囲国境を持つ国への移送は7,829件、非外囲国境諸国への移送は13,968件となるだろう。ただし、実行された移送と潜在的な移送の大多数は「引き取り」と考えられ(表2-3)、付加的な審査を必要とはしないものである。

## 5　報告書全般に対する批判とその後の委員会の動き

　以上のような委員会の報告書に対して、各方面から批判が寄せられた。それらの批判は論点ごとに次章で検討するが、ここでは、委員会の報告書全体に対する批判があることを紹介しておく。例えば、EU議会は、評価報告書とその附属文書で委員会が求めている議論が何であるかわからないという。報告書は10頁と短く、附属文書は導入部にすぎず基準の体系的な分析も結論もないと批判している。そして、結論として、委員会の楽観的な結論は、厳格な分析よりもシステムへの好意的なバイアスに基づいていると述べる。

　しかし、委員会のダブリン規則改正へ向けた作業はこの2007年報告書だけで終わったわけではない。委員会は2007年6月にはグリーン・ペーパー「欧州共通庇護制度の将来について」[29]を提出したが、同文書はダブリン規則も含めた欧州共通庇護政策の政策評価の側面を扱ったものである。そして、本節でみた2007年評価報告書と附属文書はダブリン規則の技術的な評価の側面を扱ったものであるので、その両者を基礎として、委員会はダブリン規則に関する外部研究を委託し、総合的な影響評価報告書の作成を準備した。影響評価報告書はそれまでに明らかになった問題点を整理し、それに対処するための選択肢を検討している文書であるが、2008年12月にダブリン規則改正提案とともに提出された。次章では、ダブリン規則に対する各方面からの批判とその批判を考慮したこの新たな委員会の影響評価報告書も参照しながら、ダブリン・システムの争点を検討していく。

## 【注】

1 Council Regulation (EC) No 343/2003 of 18 February 2003 establishing the criteria and mechanisms for determining the Member State responsible for examining an asylum application lodged in one of the Member States by a third-country national, OJL 50/1-10.
2 Report from the Commission to the European Parliament and the Council on the Evaluation of the Dublin System, COM (2007) 299final.
3 Commission Staff Working Document: Accompanying document to the Report from the Commission to the European Parliament and the Council on the Evaluation of the Dublin System: Annex to the Communication on the Evaluation of the Dublin System, SEC (2007) 742.
4 Commission Regulation (EC) No1560/2003 of 2 September 2003 laying down detailed rules for the application of Council Regulation (EC) No 343/2003 of 18 February 2003 establishing the criteria and mechanisms for determining the Member State responsible for examining an asylum application lodged in one of the Member States by a third-country national,OJL223/3-23.
5 Council Regulation (EC) No 2725/2000 of 11 December 2000 concerning the establishment of 'Eurodac' for the comparison of fingerprints for the effective application of the Dublin Convention, OJL316/1-10.
6 Council Regulation (EC) No407/2002 of 28 February 2002 laying down certain rules to implement Regulation (EC) No 2725/2000 concerning the establishment of 'Eurodac' for the comparison of fingerprints for the effective application of the Dublin Convention, OJL62/1-5.
7 COM (2007) 299final, p.2.
8 The Schengen acquis- Agreement between the Governments of the States of Benelux Economic Union, the Federal Republic of Germany and the French Republic on the Gradual abolition of checks at their common borders, OJL239/13-18, 2000.
9 The Shengen aquis -Convention implementing the Schengen Agreement of 14 June 1985 between the Government of the States of the Benelux Economic Union, the Federal Republic of Germany and the French Republic on the gradual abolition of checks at their common borders, OJL239/19–62, 2000.
10 Commission Staff Working Paper, 'Revising the Dublin Convention: developing Community legislation for determining which Member State is responsible for considering an application for asylum submitted in one of the Member States', SEC (2000) 522.
11 Commission Staff Working Paper, 'Evaluation of the Dublin Convention', SEC (2001) 756.
12 Proposal for a Council Regulation establishing the criteria and mechanism for determining the Member State responsible for examining an asylum application lodged in one of the Member States by a third-country national, COM (2001) 447final.
13 Note 2.
14 Note 3.
15 Green Paper on the future of the Common European Asylum System, COM (2007) 301.
16 Proposal for a Regulation of the European Parliament and of the Council establishing the criteria and mechanisms for determining the Member State responsible for examining an application for international protection lodged in one of the Member State by a third-country national or a stateless person (Recast), COM (2008) 820final.
17 Commission staff working document accompanying the Proposal for a Regulation of the European parliament and of the Council establishing the criteria and mechanism for determining the Member

State responsible for examining an application for international protection lodged in one of the Member States by a third-country national or a stateless person (recast) Impact Assessment, SEC (2008) 2962.

18 Proposal for a regulation of the European parliament and of the Council concerning the establishment of EURODAC for the comparison of fingerprints for the effective application of Regulation (EC) No [⋯/⋯] [establishing the criteria and mechanism for determining the Member State responsible for examining an application for international protection lodged in one of the Member States by a third-country national or a stateless person] (Recast version), COM (2008) 825final.

19 議会の市民的自由・司法及び内務問題委員会の報告書は、European Parliament, Report on the proposal for a regulation of the European Parliament and of the Council establishing the criteria and mechanisms for determining the Member State responsible for examining an application for international protection lodged in one of the Member State by a third-country national or a stateless person (recast), A6-0284/2009.

20 Council Directive 2003/109/EC of 25 November 2003 concerning the status of third-country nationals who are long-term residents, OJL16/44-53. 本指令の内容に関しては、中坂恵美子「EUにおける長期居住者である第三国国民の地位(1)(2・完)―理事会指令2003/109/EC―」広島法学第29巻第1号45-71頁、第2号117-147頁、2005年を参照。

21 委員会はEU諸国内での保護の地位の移送に関する研究をいくつかのNGOに委託しており、その中で指令2003/109/ECを国際的保護の受益者に拡大することも考えていた。委員会が諮問した構成国からは、補完的保護の受益者にも同指令を拡張することには反対の声もきかれたが、委員会は2007年に同指令改正提案を提出し、採択はされていない。Proposal for a Council Directive amending Directive 2003/109/EC to extend its scope to beneficiaries of international protection, COM (2007) final. 上記の経緯は3頁を参照。

22 優先順位は以下のとおりである。(a)最も長い居住期間の権利を付与している居住証を発行した構成国、又は、有効期間が同一である場合は、最も遅い失効期日の居住証を発行した構成国、(b)異なる査証が同種のタイプである場合は、最も遅い失効期日をもつ査証を発行した構成国、(c)査証が異なる種類である場合は、最も長い有効期間をもつ査証を発行した構成国、又は、有効期間が同一である場合は、最も遅い失効期日をもつ査証を発行した構成国。

23 庇護を求める人が2カ月以内に失効した1つ以上の居住証又はその者をある構成国の領域に実際に入国させた6カ月以内に失効した1つ以上の査証を保持している場合、その申請者がその構成国の領域を離れない限りにおいて、第1、2、及び3段落が適用する。庇護を求める者が2カ月以上前に失効した1つ以上の居住証又はその者をある構成国の領域に実際に入国させた6カ月以上前に失効した1つ以上の査証を保持している場合で、その申請者がその構成国の領域を離れてない場合は、申請が申し立てられた構成国が責任を負う。

24 居住証又は査証が、不実若しくは偽りの本人確認に基づいて又は偽造若しくは無効の文書の提出によって発行されたという事実は、それを発行した構成国に責任が負わされるのを妨げない。しかしながら、居住証又は査証を発行した構成国は、もしも文書又は査証が発行された後に詐欺がおこなわれたことを立証できたら、責任を負わない。

25 Means of proof in the framework of the Dublin Convention (Text adopted by the Council on 20 June 1994) OJC 274/35-36, 1996.

26 英文ではirregular crossingとillegally presentと異なる用語が用いられているので、日本語でも非

正規な越境と不法な滞在と訳し分けた。
27 それらは以下の4つの決定である。Decision No1/97 of 9 September 1997 of the Committee set up by Article 18 of the Dublin Convention 15 June 1990, concerning provisions for the implementation of the Convention, OJL281/1-25. Decision No2/97 of 9 September 1997 of the Committee set up by Article 18 of the Dublin Convention 15 June 1990, establishing the Committee's Rules of Procedure, OJL281/26. Decision No1/98 of the Article 18 Committee of the Dublin Convention, concerning provisions for the implementation of the Convention, OJL196. Decision No1/2000 of 31 October 2000 of the Committee set up by Article 18 of the Dublin Convention concerning the transfer of responsibility for family members in accordance with Article 9 of that Convention, OJ L281/1.
28 アイスランドとノルウェーは1999年にEUとの協定を結びシェンゲン・アキを受け入れることになった。Agreement concluded by the Council of the European Union and the Republic of Iceland and the Kingdom of Norway concerning the latters' association with the implementation, application and development of the Schengen acquis - Final Act, OJL176/36-62, 1999. スイスもその立場にあるが、2008年12月からなので、この委員会の報告書には反映されていない。またブルガリアとキプロスの加盟は2007年である。
29 COM(2007)301final.

# 第3章　ダブリン・システムの争点

　第3章では、ダブリン・システムの問題点を分析していく。前身のダブリン条約とも連続性があるので、同条約の下での議論も含めて見ていくことにする。第2章でみた委員会2007年報告書とその附属文書の他、委員会2000年ワーキング・ペーパー、委員会2001年ワーキング・ペーパー、委員会2008年影響評価報告書等の委員会が出した文書、欧州議会、UNHCR、NGO、研究者による議論、そして、委員会の改正提案とそれに対する議会の報告書などを参考として考えていく。

## 第1節　ダブリン・システムは機能したのか

　ダブリン・システムは機能しているのかどうか、それを、ダブリン規則がその目的を果たすことができたのかどうか、その目的のためにダブリン規則が設けた仕組みは想定通りに機能してきたかどうかという2つの点から考えてみたい。

### 1　庇護のたらい回しとアサイラム・ショッピング
　　　　──目的は達成できたか？
　ダブリン・システムの目的としてあげられるこの2つの問題に対して、ダブリン条約やダブリン規則は功を奏したのであろうか。まず、庇護のたらい回しに関してであるが、この点に関しては、UNHCRが当初は積極的に評価していた。すなわちダブリン条約及びシェンゲン協定ができた翌年に同組織はこれら

に好意的なコメント[1]を出しているが、それは、これらの条約当事国は、難民の保護、難民のたらい回し、何度にも及ぶ根拠のない申請といった問題を、地域的に近接し庇護手続きが類似している国家が協力して取り組むべき国際的な関心事であると認識して上記の条約や協定を締結したのだととらえ、そのような協力を、難民の状況を改善し保護を必要とする者の数を減らすために意図された措置の1つと考えると評価していた。そして、このような努力はUNHCRの以前からの考えにも沿うものであるとして1979年の同機関の執行委員会の勧告[2]に言及している。

　1979年の勧告とは、「庇護国のない難民」というタイトルのもので、難民が庇護を受けられるようにという観点から、大規模な難民流入の場合に受け入れ負担の分担のため国家間で援助を行うべきことを勧告すると同時に、「共通の基準を採択して、庇護の請求の審査に責任を負う国を確定するための努力」を諸国家が行うことを勧告していた。同勧告は同時に、その様な基準のための条件をいくつか挙げているが、その中にはダブリン・システムを考える際に重要な次のようなものも含まれていた。すなわち、「庇護を請求したいと願う国に関して庇護申請者の意図ができる限り考慮されること」や「庇護が他の国において求められるからという理由のみによって庇護が拒否されてはならない」こと、しかしながら、ある人が「庇護を申請する前に、既に他国とコネクションや密接なつながりを持っていた場合」は、その人に、「それが公正で合理的であると考えられるならば、先にその国からの庇護を請求すること」を求めることもできると述べていた。しかしながら、UNHCRは先の1991年のコメントでは、ダブリン条約がその条件を満たしているかどうかは言及せず、同条約の試みを、庇護希望者が庇護審査を必ず受けられるように保障する多国間での措置として評価することを強調したようである。UNHCRはその後も、1998年の文書[3]、2001年の文書[4]で庇護のたらい回しの減少のための道具としてのダブリン条約の役割を評価しており、UNHCRにとっては、庇護がまったくどこでも審査されないままにされる状態をなくすという、もっとも重要な問題にとりくむ試みとして同条約を肯定的にとらえていたようである。

　では、実際に庇護のたらい回しがなくなったのだろうか。委員会2000年ワーキング・ペーパーはこの点について評価はせず、懸念を表明している。すなわち、

理論上はダブリン・システムが包括的な解決策を提供するはずだが、そのためには、迅速な実務処理が行われることが必要であると述べる。そうでなければ、システムの機能が遅いことによって、庇護申請者がなかなか審査されないまま新たなたらい回しの難民を生み出すだろうということである。さらに、ダブリン条約第3条5項が許容している第三国への送還が、連鎖による迫害国への送還という結果を生み出す可能性も懸念している[5]。この第二点目は重要である。すなわち、確実に1つの審査責任国が決まるということと、必ず審査を受けられるということは必ずしも同じではないのである。このことは次に考察する。また、第一点目の迅速性という観点も、現在までの実行を通じて明らかに問題点の1つととらえられるようになっているものである。この2つの条件が満たされていないことに加えて、次節でみるようにダブリン・システム自体が新たな庇護のたらい回しの要因を生んでいるといえる状況もあり、当初UNHCRがしていたほどに楽観的な評価はできないようである。

他方、ダブリン・システムのもう1つの大きな目的であるアサイラム・ショッピングを防止するという点はどうであろうか。委員会2000年ワーキング・ペーパーは、現在までに重複申請がどのくらい把握できているのか、またダブリン条約が重複申請にどのくらい抑止効果があるのかは評価できないが、ユーロダックの導入によってこの点は改善するであろうこと、また、このシステムが機能するためには、引き取りのルールが重要であることを述べている[6]。その引き取りであるが、委員会2007年報告書附属文書では、ダブリン規則の下での2年強で入データ、出データどちらも2万5千件くらいの実績があり、ともにダブリン請求の70％強を占める（表2-3）のであって、それなりに成果を上げているかのように思われる。しかしながら、ユーロダックによって判明した重複申請は2005年で16％であり（表2-5）、その結果を受けて委員会は、この高い数字がダブリン・システムはアサイラム・シッピング現象に対して期待された抑止効果がないということを示している、と結論付けている。ダブリン・システムについては、これからみていくように多くの問題点が噴出しているが、当初の目的の達成に関して委員会自体が高い評価をしていないという点は留意しておくべきであろう。

## 2 責任の引き受け及び引き取り並びに移送
　——仕組みは想定通りに働いたか？

　では、次に、ダブリン規則が設けた仕組みが期待通りに働いているのかを検討する。ダブリン請求に対して、その請求が受け入れられた割合は入データ、出データともに70％強でこれはダブリン条約の時とほぼ同じ割合であるが、請求受け入れ数を庇護申請全体の中での割合にしてみると入データで11％、出データで8％になり、条約時代から倍増しており（表2-2）、委員会はこのダブリン請求の受け入れ数の割合増を成果として積極的に評価している。また、実際に受け入れられた請求が移送に結びつく場合も入データで40％、出データで52％であり、それぞれ26％と28％であった条約時代からは倍近い増加がある（表2-2）。しかしながら、それでも、まだ約半数であり、残りの半分は実際の移送にまで結びつかずに終わっているということである。半分しか機能しないシステムは、よく機能しているとは言い難いであろう。

　また、ダブリン請求のうち70％強が相手国に受け入れられたということや、その数は、庇護申請数全体からみると入データで11％、出データで8％にあたるということ自体は高い割合であると評価できたとしても、注意すべき点がある。すなわち、先にみたように、ダブリン請求の70％強は「引き取り」請求なのである。学者のネットワークであるオデッセウス・ネットワーク（補章参照）は、「引き受け」請求は責任の割り当て機能であり、「引き取り」請求は重複申請の審査の防止の機能であり、その2つには区別が必要であると述べた上で、これまでのダブリン請求の実績では70％が「引き取り」であることは、審査責任は、圧倒的な多数のケースで最初に申請が提出された国に最終的に負わされているのだということを指摘する。そして、委員会の報告書とその附属文書はこの事実を詳しく述べるどころか留意もしていないが、これはこのシステムの非効率性を示しているのだという。システムの非効率性とは、第一に、責任の決定のために着手された手続きのほとんどが、「引き受け」請求、ましてや移送を引き起こさないのであって、このことは費用対効果でとても評価できないということ。しかも、すべての申請に対してダブリン手続きが開始されるという前提さえも疑問であるという。第二に、移送はいうまでもなく「引き受け」が行われることがまれであるということは、庇護申請はほとんどの場合しばしばダブリン基準

の下では責任のない国によって審査されるということを意味する。以上のように分析したうえで、委員会がなぜ、ダブリン・システムは移民管理の目的を大部分達成していると結論づけられるのかは分からない、よりバランスの取れた評価をすれば、ダブリン・システムは重複申請をいくらかは防いでいるが、責任の割り当てを決定するメカニズムとしては実質的に機能していないと考えられる、と厳しい批判を投げかけている[7]。

　また、半数しか移送につながっていないという問題についてであるが、委員会2007年報告書附属文書によれば、移送される割合が最大なのはチェコで91.51％であり、最下位はオーストリアで14.9％であった。委員会は移送に至らない主な理由は申請者の逃亡であるが、その他として上訴の効果としての移送停止、病気、トラウマ、自発的帰還などがあげられると説明していたが[8]、議会は、市民的自由・司法及び内務問題委員会が2008年に出した報告書（以下、議会2008年報告書）の中で、効果的な移送の数の率が驚くほどに低いのは、このシステムの欠陥を示唆していると述べ、この点はもっと明確に説明されるべきであると批判している[9]。

　委員会の説明では、移送率が最も高いチェコは決定後短期間で移送を実行し、すべての逮捕された移民を庇護申請した者も含めて拘束するのが通常であり、また、移送が実施された割合が平均より低い国のほとんどは拘禁をほとんどあるいは全くしないということである[10]。そうであるのなら、申請者が移送前に逃亡するケースというのは少なくないと考えられ、移送を確実に行うためには拘禁措置がある程度有効ということになる。しかし、それは、人権の観点からは問題になりうる行為である。この点については後述する。

　この現実の移送の実施率の低さを解決するための方策として、委員会は、2008年影響評価報告書で4つの選択肢を示しているが、そのうちの2つは、ダブリン・システムの役割と意義に疑問を感じさせるものである。1つは、きちんと定義された状況の下で、庇護申請者の同数の交換を「帳消し」にする二国間協定を構成国間で締結するというもので、もう1つは、現在のような庇護申請者の身体的な移動を行わず、そのかわりに審査責任国は申請者の身柄がある構成国に対して1人当りいくらかを支払うという補償メカニズムにダブリン・システムをおきかえるというものである[11]。前者については、前章でも見たように、

ダブリン規則の提案時や2007年報告書附属文書においてもすでにくりかえし提案しており、委員会にとっては真剣に検討に値するもののようであるが、これは、ECRE（European Council for Refugees and Exiles、難民関係のNGOネットワーク、補章参照）が「システムの不条理のハイライト」[12]とよぶように、妙な考えである。つまり、これでは、審査責任国決定の基準が、構成国が受け入れるべき申請者の「数」の決定のためのものであり、受け入れるべき「申請者」の決定のためのものではなくなってしまう。申請者の立場に立てば、他の国にいるある一定の申請者の数という偶然の要素によって、自分が選んだ国で審査してもらえるのか、それともダブリン規則の基準によって決定される構成国に送られるのかが決まることになる。システムの一貫性が保障されず、また、審査責任国の決定基準の議論は半分意味のないものになってしまうだろう。どういう基準で移送する人としない人を決めるのかも不明であり、自分の地位の不安定さに関して、申請者から多くの訴訟が出されることも予想され、ダブリン規則作成時に構成国はこの考えには同意をしなかったのである[13]。後者については、現在のメカニズムを置き換える全く新しいメカニズムの提案ということになる。審査責任国は一定の基準で決めるが、実際はそこへは移送せず、したがってそこで審査もされないということであるので、審査責任国決定の基準は、構成国が負担すべき「金銭的補償」の決定のためのものにすぎなくなる。申請者にとっては自分が選んだ場所において審査をうけられるということなのでむしろよい選択なのかもしれないが、審査国の決定基準は申請者にとっては全く意味のないものとなる。ダブリン規則の改正提案においてこれらの2つの選択肢は委員会のとるところとはならなかったものの、このような案が選択肢として出てくることをみると、現行のダブリン・システムは庇護申請者にとって何を意味するのか疑問を感じざるを得ない。確かに、このやり方でも庇護のたらい回しの防止という目的は達成できるし、申請者は自ら選んだ国で庇護審査を受けることができるが、国家の庇護申請者に対する責任とそれにともなう負担の決定が、個別の申請者に対するものではなく申請者の総数という側面でしか現れてこない。つまり、現行のダブリン規則の基準は、構成国間の責任と負担の配分決定にとってのみ意味を持つ仕組みであり、申請者本人にとっては意味をもたないものであってもよいというという前提に立つことになってしまう。このように、現行

のダブリン規則のもつ意義を大幅に減少させてしまうような選択肢を委員会自体が真剣に考えざるを得ないほど、ダブリン規則の仕組みはこれまで期待通りには働いていないと評価せざるをえないであろう。

## 第2節　庇護申請者の権利という観点からの考察

　次に庇護申請者の権利という観点からの考察を行いたいが、これに関してはいろいろな論点が考えられるであろう。庇護申請者が審査国を自ら選べる権利、あるいは、そもそも庇護を求める権利ということも考えられるが、それらは後に審査国の決定基準のところで考えたい。ここでは、庇護申請をするところまで行き着いた申請者が、実質的な審査をうける機会が保障されているかという問題、それと関連するノン・ルフールマンの問題、そして家族との統合の問題、そして、ダブリン条約には特に規定がないが、拘禁など庇護申請者の待遇に関する問題をとりあげる。

### 1　実質的な審査を受ける機会の保障

　実質的な審査を受ける機会の保障という点で重要な事態としてあげられるのは、ギリシャにおける1999年の法改正によって生じた憂うべき状況である。すなわち、UNHCRの報告によれば、大統領令61/1999（「難民の地位の認定手続き、承認の撤回及び外国人の追放、家族構成員の入国許可並びにUNHCRとの協力の形態」）は公安省の事務総長に対して、庇護申請者が居住場所から「恣意的に離れた」場合に庇護手続きを中断することを認め、庇護申請者が中断決定の日から3カ月以内に再度現れて彼／彼女の不在が「不可抗力」の理由のためであることを示す実質的な証拠を提出したら、その事例は手続きを再開し本案の審議が続くという規定をおいた。しかしながら、それまでに「不可抗力」と認められてきたのは、重大な健康上の問題、入院、天候条件により家を離れることを余儀なくされた場合のみであった。ダブリン規則に基づいてギリシャに引き取られる場合は出国してから3カ月以後になるのが通常であり、すると、請求はギリシャ送還後には再び審査されることはないということになる。また、公安省の事務総長は、引き取りを了承した後でも、さらには申請者が移送されてきてからでさえも、

庇護手続きの中断を決定することができる。申請者側が移送命令の撤回を要求することもできるが、そのような要求が認められることはなかった。撤回の要求が却下された場合は国家評議会(Council of State、行政機関でありかつ行政最高裁判所でもある)へ申し立てをすることも可能であるが、法的な援助が規定されてはいないことなどから実際には申し立ては難しく、結果として、ギリシャに引き取られたものは実質的な審査を受けることなく出身国へ送還されるリスクを負うことになるのである。

　また、ギリシャで第一段階の審査を受けたが却下され、その後に他国に行きそこから送還されてきた者に関しても次のような問題がある。まず、彼らは空港でインタビューを受け、再審査の期限を超過していない場合は中央庇護局へ直接付託されることになるのだが、申請者が理解できない言語でインタヴューを受け再審査に関する十分な情報を得ることができない場合もあり、また、到着時に住所を提出できない「ダブリン送還者」でかつ「居住地未定の人」はとりわけ不利に扱われ、再審査の機会を失っている。人員不足で、庇護申請者が庇護担当の役人にアクセスできるのは再審査の期限が終了した後ということもしばしばあり、以上のような状況からUNHCRは「ダブリン送還者」、とりわけその中でももっとも弱い者たちは庇護手続きから排除されているだろうという。このような状況に対して、UNHCRは公平で効果的な庇護手続きへのアクセスを確保するためのEU構成国の義務という視点から、他のEU諸国の政府に、さらなる通知があるまでダブリン規則の第3条2項を用いてギリシャへの庇護希望者の送還を控えるように勧告していた[14]。実際にこのUNHCRの呼びかけに応じて、ノルウェーやフィンランドなどは、ギリシャへの移送の停止を決定した[15]。

　ECREもまた、ギリシャの送還者の問題をとりあげているが、さらに、その他の国でも庇護希望者がその国を離れることによって庇護の事例を却下するか取り下げたと仮定してしまうことがあることを指摘して、多くの難民にとって、彼らの申請が審査されることではなく、審査されないことを保障しているのがダブリンの移送行為であると非難する[16]。つまり、ダブリン規則に基づいて移送されたがために、審査の機会を失ってしまうという現象が起きているのである。ギリシャの国内においての手続き的保障の不充分さがその原因ではあるのだが、移送をされなければそのまま審査を受けられていたとも考えられる。こ

れは、現状では先にみた「庇護のたらい回し」の防止というダブリン・システムの目的そのものが実現できていないという問題でもある。ギリシャは、第4節で後述するようにダブリン・システムにより過剰な負担を負わされている国であり、このギリシャの事態を、不均衡な責任を割り当てられた構成国がダブリン規則の目的を効果的に否定する慣行を採用している例ととらえる見方もある[17]。

　さらに、一国内の手続き的な保障の問題だけではなく、第三国が絡んできて実質的な審査の機会が保障されないという場合もある。すなわち、ダブリン規則は第3条3項で、「いかなる構成国も、自国の国内法に従って、ジュネーブ条約（難民条約のこと：筆者注）の規定に反しない限りにおいて、庇護申請者を第三国へ送還する権利を保持する」と、安全な第三国へと申請者を送還する権利を明記している。そして、このことが、難民性の実態審査が行われないままに連鎖的なノン・ルフールマン原則違反の事例を生み出すことにもなるのではないかという可能性は当初から多くの論者たちによって懸念されていた問題である。Battjesは、ダブリン・システムは申請の中身について審査をしないで他の構成国に移送することを可能とする制度であるが、それは、申請者がそのような移送が間接的なルフールマンであるという異議を申し立てることができる限りは、欧州人権裁判所のT.I.対UK（第5節参照）で解釈されたような欧州人権条約第3条違反にはならないという。そして、その観点から、ダブリン規則において最も懸念されることは移送に対する上訴に移送の停止効力が否定されているということであると指摘する[18]。後述するように、上訴に移送の停止効力を与えるかどうかは、ダブリン規則は各国に任せている。EU構成国内への移送ならまだしも、第三国へ移送してしまった後では、上訴によりその申請者の移送を否定する判断が出ても、もうその判断を実現することはできないかもしれないのである。

　ギリシャは1990年代になってバルカン半島（おもにアルバニアやブルガリア）から移民が大量にやってくるようになり、2001年に初めての包括的な移民法をつくった国である。90年代から今日まで、同国の移民政策は、移民に対する「恐怖」とギリシャの社会と経済への悪影響又は負担という否定的な考え方に特徴づけられているという[19]。そのような国が、EUの外囲国境国としてダブリン・シス

テムの導入によりこれまで以上の外国人の受け入れに対処しなくてはならなくなったというところに悲劇がある。庇護申請者が必ず庇護申請を受けられるというダブリン・システムの根本的命題を崩してしまうこの問題は、システムの存続自体を揺るがす大きなものであり、EUとしての対処をせざるを得なくなっているが、このことは後ほど第4節で取り上げる。

## 2　家族の統合

　ダブリン規則の下で、家族の統合が認められるのは限られた場合のみである。家族の一体性を維持すること及び離散家族を再統合するという観点から規則が定義する家族[20]より広い範囲の家族の保護をするために、構成国は主権条項と人道条項を用いることができるが、これらの条項の適用は自動的に保障されるものではない。ダブリン条約の時代においては2001年の委員会報告書も、家族の一体性の尊重のための条項が欠如していることは条約のギャップであると述べていた[21]。すなわち、ダブリン条約の人道条項は第9条であったが、同条は現在のダブリン規則第15条の2項、3項部分はなく、人道的な観点から統合させなければならない家族について状況は今よりさらに不明確であった。そのため、第18条委員会によって決定No.1/2000[22]が制定されたのである。

　実際にシェンゲン協定及びダブリン条約の下でのこの問題の扱いはHurwitzの調査によると各国においてかなり差があったようである。一般的には、欧州人権条約の第8条を援用しながらダブリン条約第4条（配偶者、18歳未満で未成年の未婚の子、申請者自身が18歳未満の未成年で未婚の場合は父母）にカバーされない状況にこれらの裁量条項が適用されることが多かったといえる。しかし、例えば、保護者に随伴されない未成年について、主権条項の適用を制限的に行っていたイギリスでは母親と一緒になりたいと希望した未成年の子どもに対して同条項を適用しなかった例がある一方で、フランスでは保護者に随伴されない未成年には常に同条項を適用していたなど、大きな違いも見受けられたことが指摘されている[23]。

　そのような状況の下、家族の問題はダブリン条約からダブリン規則へ変わるときの数少ない改正点の1つとなった。保護者に随伴されない未成年の問題については新たに規定を設け、家族が合法的に住んでいる国で審査を受けること

ができるとし、また、人道条項にも家族を統合する規定、保護者に随伴されない未成年に配慮する規定が設けられた。しかし、家族の問題はいまだに議論の対象となり続けている。それは、やはりまだ裁量条項の使われ方が一様ではないことに起因する。委員会2007年報告書附属文書と同様、2006年のUNHCRの調査でも主権条項と人道条項の使われ方は多様であり、特に人道条項は総じて大変制限的な使われ方をしていると報告している。すなわち、主権条項は拡大した家族構成員の統合や病人などに適用する国もあるが、ベルギー、キプロス、リトアニア、ポーランド、ポルトガル、スロヴェニアなど同条項をまったく適用していないと考えられる国もあり、また、移送するよりも自国で処理する方がよい場合に用いられる場合もある。たとえば、フィンランドは第3条2項を長らく出身国から離れているロマからの庇護請求を迅速な手続きによって審査するために、ドイツは自国で審査して難民該当性を否認し、出身国又は第三国に申請者を送還した方が便宜的で安価である場合に同条項を用いていたし、オランダやノルウェーも実務的な理由によって主権条項を使っている（このことは委員会2007年の報告書でも言及されているが、そこでは、委員会は、オーストリア、フィンランド、アイルランドは主に人道的理由で、ドイツ、イタリアはより実務的な理由でと述べているので、少し齟齬がある）。第15条の人道条項に関しては、いくつかの国は広い意味での家族の構成員を統合するために同条項の下での請求を行ったり受け入れたりするというが、キプロスやリトアニアのように同条項の下での請求を行ったり受けたりしたことがないという国もある。請求があってもまったく受け入れなかったり、厳しく対応したりする国もあるという[24]。

　こうした実態を踏まえ、UNHCRは家族の問題について、家族の統合は難民の保護の基本的な原則であるとして、次のように述べる。すなわち、家族の定義に関しては、よりリベラルな基準を採択すべきで、そこには、真正で安定した家族の単位を形成している未婚のカップル、家族の支援が他にない尊属や自立できない成人した子どもなどといった扶養家族も含めるべきである。カップルに関しては、同機関の調査によれば、市民法の下での結婚ではない宗教的な結婚が事実上考慮されていない場合もある。家族関係の立証基準は合理的であるべきで、現状は文書による証拠を強く求める国もあるが、文書の提出が不可能な場合も他の手段をみとめるべきである。また、核家族に関しては、出身国

ですでに形成されていたことは条件として必要はなく、また、家族統合の基準を定めたダブリン規則第8条は第一段階における審査の結果がでるまでだけを対象としているが、家族生活の権利は行政的及び手続き的考慮を上回るのであり、その条件は削除されるべきである。以上のように多くの点についてコメントをしている[25]。

ECREもUNHCRとほぼ同様の指摘をしている。すなわち、ダブリン規則の「家族構成員」の定義を「家族の再統合指令」[26]の第4条2項及び3項を反映するように拡大すること[27]、また未婚のカップルの場合は、あらゆる利用可能な文書、承認の声明及び他の根拠が「適正に証明された長期的な関係」の証拠として考察されるべきであると、証拠についてより柔軟性をもたせることも求める。そして、ダブリン規則の基準の適用によって家族構成員が分散されてしまった結果、その家族が不当な困難に陥ることを避けるため、人道条項はその意図された影響力を確保するよう広くかつ一貫して用いられるべきであり、国家は他の国家からの請求に迅速に反応すべきであると主張している[28]。

このような意見を取り入れ、現在委員会が提出しているダブリン規則改正案では、一定の場合には家族の範囲に、既婚の未成年の子ども、未成年で未婚の兄弟も含めることとし、これまで人道条項の第15条2項の下にあった妊娠、重病等で他人の援助が必要な人を親族等と一緒にするという条文は、逆に親族等がそのような状態にあり援助を必要な場合も新たに含めて、国家にとって義務的な性質のものとするなどの変更が考えられている。また、主権条項と人道条項は、裁量条項としてまとめられ、今まで何の条件も付されていなかった主権条項にも「特に人道的及び同情的な理由で」という条件が加えられ、また適用には本人の同意が必要というダブリン条約時代の規定を復活させることが考えられている。他方の人道条項に関しては、構成国からは時間制限の存否がしばしば疑問として挙げられていたことから、いつの時点でも他の国に引き受けを要求できる、つまり、時間制限はないということを明示しようとしている。このように、家族統合の問題は、着実に改善が進んでいるところと考えられるが、その理由として、この問題はすでに他のEU法の中で権利として確立してきているものであるからだと思われる。すなわち、この場合は「家族の再統合指令」がその指針を与えており、その枠組みがダブリン・システムにおいても保障さ

れることが確保されるようになってきているということである。

## 3　拘禁及び上訴——手続きにおける法的セーフガード

　庇護申請者の権利としては、手続き的なものも考えなければならないであろう。ここでは、特に拘禁と上訴という二点を取り上げるが、他に情報に関する権利なども問題となる。
　拘禁に関してはダブリン規則には規定がなかったので各構成国においての実行はさまざまであった。UNHCRの調査では、構成国は逃亡を防ぐために拘禁手段に頼ることが多くなってきており、2005年の終わりでは、国により5％から40％のダブリン移送者が拘禁されているとのことである。時には、当事者が移送されることに積極的に同意している場合であっても拘禁を行う国が複数あり、また拘禁が命令される時期は各国にかなり隔たりがあることが報告されている。そこで、同組織は、限定的かつ明白に定義された事例を除いては拘禁には反対すること、執行委員会の結論44[29]及びUNHCRの拘禁に関するガイドライン[30]に規定されるような例外的な理由で拘禁が行われる場合は、可能な限り短期間であるべきで、比例原則を満たすべきであること等を勧告している[31]。例外的な理由とは、UNHCRのガイドラインでは、(1)本人確認、(2)難民の地位又は庇護の基礎となる要素の決定、(3)庇護を申請しようとする国家当局を欺くために庇護申請者が旅行文書又はID文書を破壊又は偽造した場合、(4)国家の安全又は公の秩序の保護、があげられている。ECREは、委員会2007年報告書附属文書によると、アイスランドやノルウェーのように拘禁を限定的にしか用いていなくても平均以上の移送を実施している国があることを指摘しながら、拘禁を、非拘禁的な手段が明白に失敗する事例のための最終手段と考え、それ以外の場合は禁止すること、手続き的なセーフガードに従い、その法的な目的に必要な最低限の時間に限られるものとすべきという意見を表している[32]。委員会自体も、2007年報告書で同様な見解を示していた[33]。
　上述したように、引き渡し請求が受け入れられても移送に至らないケースは多く、さらにその大部分は逃亡が原因であろうと推測される現状では、拘禁をすべて禁止するのはシステムを機能させるためには難しいであろうが、UNHCRやECREが指摘するように現状ではまったく必要のない人にまで拘禁

が行われている点には改善が必要であろう。そこで、現在の改正では、委員会は、拘禁という新たな1カ条からなる新たなセクションを設けようとしている（提案第27条）。そこでは、国際的な保護を求めているという理由だけで拘束されてはならないという原則が明記され、個別の評価に基づいて必要かつ他のより強制的でない措置が効果的に適用できない場合で、逃亡の重大な恐れがある場合にのみ拘禁が許されること、より強制的でない他の措置をとる可能性を考えること、拘禁は可能な限り短期間で司法当局の命令によること、命令は理由を伴った書面で出され本人に情報が与えられること、拘禁が継続する場合は司法当局による再審査が行われ不当に長引かされないこと、無料の法的な援助及び／又は代理へのアクセスを保証すること、未成年は本人の最善の利益ではない限り拘禁されないこと、保護者に随伴されない未成年は決して拘禁されないこと、「受け入れ指令」の特に第10条及び第11条に規定されたものと同レベルの受け入れ条件を与えられること、以上のことが提案されている[34]。それに対して、議会は、拘禁の対象となるのは「他のより強制的でない措置が効果的ではなかった場合のみ」と、別の措置を先に試みることを要求することでより条件を厳しくしながら、同時に、委員会の提案した文言「逃亡の重大な恐れ」の中から「重大な」を外すことによって、むしろ要件を和らげようとしている部分もある[35]。

このように、この問題に関しては、委員会自体もダブリン規則の不備を認めてNGOやUNHCRの批判を受け入れる方向で改正が進んでいる。なによりも欧州共通庇護制度の1つである「受け入れ指令」によって、すでにEUの枠組みの中でも確立している一定の権利保障の基準をダブリン・システムにも適用する方向に向かっているようであり、その点では、家族統合の問題と同様の側面をもっているだろう。

他方、移送の決定に対する上訴又は再審査を受ける権利に関しては、ダブリン規則の中に規定はあったが、「国内法の規定によって裁判所又は権限ある機関がその事例に関しては移送の実施を停止すると決定しない限り」移送は停止されないというもので、自動的な停止の効力は保障されていなかった。そこで、この点も構成国によって実行がかなり異なっていたところである。2007年委員会報告書附属文書では、オーストリアとポルトガルのみ再審査の際に移送決定

が自動的に停止されていると報告されていたが、UNHCRの調査では、それらに加えて、次のような多様な対応が報告されている。すなわち、ダブリンの移送者は自国と同様の待遇を受けられるEUの構成国にしか送られないので停止効力は必要ないと説明するスペイン、一定の条件を満たす人には停止を認める諸国、移送の決定の同日かすぐ後に移送を実施するために上訴が困難であるチェコ、フィンランド、フランス、ドイツ、及びルクセンブルグなどである。そして、同組織は、ダブリン規則には停止の効力を与える義務が規定されていないのにもかかわらず実際は与えている国家があることを評価しながら、その実行を追認して、実際に移送の停止を保障するような義務を規則に盛り込むべきであると提案した[36]。

現在の改正作業においては、委員会はこれまで移送の条項に含まれていた上訴の問題を、「救済」という新たな条項にして独立させようとしている(提案第26条)。委員会の提案では、移送の決定に対する裁判所又は法廷での上訴又は再審査の形での効果的な司法的救済の権利を明記することが提案されているが、依然として移送の停止までは必ずしも要求されていない。ただし、当局は、申請者が新たな決定までの間申請した国にとどまることができるのか否かを可及的速やかに、かつ少なくとも7日以内に決定しなければならず、とどまることを許さない場合はその理由を述べなければならないことを規定しようとしている。そのほか、当事者は法的援助及び／又は代理、必要な場合は言語的な援助へのアクセスを保証され、本人が費用をまかなえないときは国が無料でそれらを提供することも提案されている[37]。議会も上訴に自動的な移送停止効力を伴うことは要求せず、残留の可否の決定について7日という部分を5日と短縮することを提案しているのみである[38]。

移送停止に関する構成国における現実の多様性をそのまま許容することになっており、この問題は庇護法の調和化の動きの流れから取り残されているようにみえる。ダブリン・システムによる他の構成国への移送という他には類似の制度がない問題に関しては、参考にすべき確立したEU法がなく、迅速性の確保というダブリン・システムの機能の向上も優先したいという思惑の結果であろう。

## 4 裁量条項と欧州人権条約

ここで、EU構成国の人権保障義務、特に欧州人権条約の締約国としての義務とダブリン・システムとの関係について考えておこう。EU法に従った構成国の行為が構成国の人権保障義務に違反する可能性がある場合どうなるのかという論点は古くから議論されてきた。もともとECには人権に関する規定はなかった。しかし、1970年代に欧州司法裁判所が先決裁定手続きの中で、加盟国に共通の憲法的伝統とガイドラインとしての人権保護に関する国際条約によってECは法の一般原則としての基本権の保障を行うということを明確にして以降、1977年の欧州議会・理事会・委員会による人権共同宣言の調印、ECの欧州人権条約への加盟の可能性についての議論、マーストリヒト条約での基本権保障の規定の導入などの段階を経て、2000年には基本権憲章が採択され、それは2009年12月1日のリスボン条約の発効にともなって法的拘束力をもつにいたったのである[39]。

ところで、EU法の履行と欧州人権条約の関係について、現在欧州人権裁判所 (European Court of Human Rights、欧州人権条約により設けられた裁判所でありEU機関である欧州司法裁判所とは別のもの) によって用いられているのは「同等の保護」理論というものであるが、それは、国際的な組織の締約国が締約国の義務として行った行動が欧州人権条約に違反しないか、という点の判断基準をしめしたものである。すなわち、その国際組織が提供される実体的保障及びその遵守を監督する仕組みの双方に関して、欧州人権条約が規定するのと少なくとも同等とみなされる仕方で基本権を保護しているとみなされる限りその組織の締約国が締約国の義務として行った行為は正当化されるということ、そして、その国際組織の自立性を尊重して、「同等」とは類似を意味するのであって、「同一」ではないことがその理論では説明される。この問題は、EUとの関係で問題になってきたことだが、欧州人権裁判所がこのような配慮をした言い方をするのには、欧州司法裁判所がEC法秩序の自律性を尊重しつつも、欧州人権条約の基準に適合するよう促進することによって、欧州人権条約を欧州共通の基本権規範として設定しようとする意図があるといわれている[40]。

ただし、このような「同等の保護」理論が適用されるのは、その国際組織の措置に基づく国内実施措置について欧州人権条約違反の申し立てがなされる場合

のうち、加盟国に裁量の余地がない場合であり、加盟国に裁量が与えられている場合は、加盟国は欧州人権条約に適合するようにその裁量を用いる義務がある[41]。このことに照らして考えると、少なくとも、ダブリン規則の基準に従うことが欧州人権条約に違反するような事態を招く場合は、構成国は裁量条項を用いる義務があるということになる。したがって、ダブリン規則第3条2項及び第15条の適用は、すべて国家の裁量に任されているのではなく、一定の場合は必ずそれらを用いることを義務付けられているということになるのである。さらには、ダブリン規則の前文は、EU基本権憲章が規定する人権の保障を掲げているし、EU条約10条によっても一般的義務があるので、構成国はますます欧州人権条約に反することはできない。

　実際に、裁量条項といえども構成国がこれらの適用を一定程度義務的にとらえている傾向はあるようだ。委員会2001年ワーキング・ペーパーでは、一般的に国内裁判所はこれらの条項は個人に権利を与えてはいないと考えているが、それにもかかわらず、多くの事例で構成国はそれらの条項を適用しない場合に申請者にどんな結果がもたらされるかを考慮することを強いられていると報告していた[42]。Filzwieserは、実際に、オーストリア憲法裁判所2001年の判決と2006年のベルギーのコンセイユ・デタ（行政最高裁判所及び政府の諮問機関の2つの役割をもつ政府機関）の判決では、ギリシャと2004年5月1日に加入した新構成国への移送に関して法的な異議申し立てが認められていたことをあげ、移送が欧州人権条約の第3条違反と考えられるのであれば、第3条2項の適用は義務的であると考えるべきだし、欧州人権条約第8条違反でもそうであるという。したがって、彼の考えでは、ダブリン規則は現存の形でも欧州人権条約に違反しない十分なメカニズムであると考えることができる[43]。彼が主張したいことは、ダブリン規則が問題なのではなく、構成国がダブリン規則を正しく用いないこと＝適切に裁量を行使しないことが問題だということであろう。裁量条項が存在することで、欧州人権条約との両立性には必要十分な条件を満たしているということになる。

## 第3節　庇護国決定の基準

### 1　申請者が申請国を選ぶ権利

　庇護審査を1カ国のみで行うという考えがはじめて登場してきたときは、この制度は難民申請者の権利を侵害するものであるという批判があった。庇護に関しては、世界人権宣言の第14条1項が「すべて人は、迫害の庇護を他国に求め、かつこれを他国で享受する権利を有する」と規定している。この「庇護を他国に求め、かつこれを他国で享受する権利」という文言は、ウィーン人権宣言22段落やUNHCRの執行委員会の結論にも繰り返し登場するものである[44]。ただし、世界人権宣言の同条項の意味するところは、個人の権利としての「庇護を求めかつ与えられる権利」ではなく、「庇護を求めかつ享受する権利」である。すなわち、個人は庇護を与えられる権利を保障されてはいないが、庇護を求め、与えられた庇護を享受する権利を有するということである。そして、個人に庇護を与えるかどうかの判断は国家の裁量であり、庇護権は個人の権利ではなく国家の権利であるという解釈が一般的である[45]。しかし、個人の庇護権が規定されていないのは、普遍的なレベルの文書の話であり、実は、地域的な条約にはその規定が設けられている。米州人権条約の第22条7項や人及び人民の権利に関するアフリカ憲章の第12条3項などがそうであり、EUにおいても、第5節で紹介する「資格指令」において、個人の権利としての庇護権が明確に規定されることになったのである。したがって、現在は普遍的な条約による個人の庇護権の承認がないにもかかわらず、これら地域的条約に加入している約100カ国は庇護を与える義務をもっているということになるのである[46]。「資格指令」によって個人は庇護権をもつことが明らかになったが、同指令が採択される前においても、少なくとも、個人は庇護を求める権利を有していたのである。しかしながら、どの国に対して庇護を求めることができるのかに関しては、世界人権宣言は沈黙している。すなわち、どこかの国に庇護を求めることができれば十分であるのか、それとも特定の国に対して求める権利までが意味されているのかは言及されていない。

　その点に関して、Jessurun d'Oliveiraは次のように指摘していた。彼は、当時のオランダ国務省の、難民条約は条約の締約国各国がそれぞれに義務を負う

ことを想定しており、諸国は庇護申請者に対して負っている自国の責任を他国にまわすことはできない、という見解を支持する。そして、難民条約のすべての各締約国の義務がそのようにオーバーラップしているということは、逆に、「各庇護申請者が異なる諸国で自分の幸運を試す権利」があるということを示しているという。したがって、異なる諸国に庇護を申請するのは「濫用」ではなく、逆に、そのような方策に「アサイラム・ショッピング」の烙印を押す方が明らかに濫用なのであると非難する[47]。

　しかしながら、ダブリン条約が制定されたときに、EUの諸機関から難民条約をそのように解釈しての批判は見出せない。その後、委員会2000年ワーキング・ペーパーにおいてみられる委員会の考え方は、ダブリン条約には、庇護申請者が庇護を求める構成国を選べないようにすることによって「庇護手続きの濫用を防ぐ」という目的があるということで、これはJessurun d'Oliveiraの主張する複数の国でのチャンスを試すことは申請者の権利という考え方とは真っ向から対立するものである。委員会の分析では申請者がどの国に庇護申請をするかを決める要因は経済的なものだけでなく様々な要因があり、NGOセクターは庇護申請者にどこで申請するかの自由を与えるべきであるというが、他方で、構成国は庇護制度を用いて入国管理を欺く試みに関心を寄せている。委員会は、このような状況で庇護の請求を割り当てる道具がどのくらい庇護手続きの濫用を防ぐ役割を持つのかは意見が分かれるところとなっていると述べている[48]。

## 2　申請を審査する国家の義務とその解除

　庇護申請者が自ら選んだ国であるか否かはさておいて、庇護申請者はいずれかの国からは審査を受ける権利を持つと考え、その点から、申請を受けた国は基本的に審査する義務を負う、しかし一定の条件の下では国家はその義務から逃れることもできる、と考えるのが多くのNGOの立場である。例えば、アムネスティ・インターナショナルの考え方は、申請が申し立てられた国が申請の内容まで審査すること、そして難民が直接又は間接的に迫害国に送還されないことを確保することは、構成国の国際難民法及び国際人権法の下での国際的な義務であるという。前者の考えから現行の審査責任国決定の基準は廃止されるべきであるというし、「国家は、庇護申請を考察する自国の義務から、その責任

が『安全な第三国』によって引き受けられた場合にのみ解除されうる」のではあるが、後者の考え方から、ダブリン条約はEU内外の安全な第三国への送還というものを前提としているシステムであるが、その安全性が必ずしも保証されていないことを問題としている[49]。

UNHCRもまた同様に、申請が行われた国家に審査責任を負わせるという考え方である。同組織の2001年の文書ではダブリン条約の審査責任国の決定基準を評価して、最終的に2つの原則を提言している。それは、第一に、審査責任は申請が行われた構成国にあるという原則、第二に、ある国から他の国への審査のための移送は、申請者が後者の国と意味のあるつながり又は関係をもつ場合のみ正当化されるという原則であるが、その概念は家族及び文化的なつながり並びに合法的居住を含み、査証の保持や単に領域内に以前いたというだけの場合は含まれないという[50]。UNHCRのこの考え方が、アムネスティー・インターナショナルの先の考えと異なるのは、申請を受けた国が審査責任から解除される条件を、単に他の安全な第三国による審査が保障されるということだけでよしとするのではなく、その国が安全であることに加え、申請者と一定のつながりがある国ではなければならないということも要求している点である。これは、次の基準の適正さという問題につながる。

### 3 基準の適正さ

庇護申請者がどこかで審査を受けることが保障されれば、庇護申請者がその他の国へ申請する権利を制限することに問題はなく、また、申請を受けた国は必ず審査をしなければいけないという義務はないと考えたとしても、その「どこか」を決定する基準が、ダブリン規則の規定するもので適正なのかという問題が生じる。

委員会も、例えば、外囲国境を非正規に越境させた国という基準に関して、2000年ワーキング・ペーパーにおいて、それがアムステルダム条約の要請として生まれたものではないことを認めている。すなわち、アムステルダム条約は、域内国境のない人の自由移動の達成と、それに直接関連したものとしての庇護申請に対する責任の割り当てのための基準と方法に関する措置の採択について、両者の間につながりがあることは明記しているが、外囲国境の管理と庇護

申請者に対する責任の分配の間につながりを作ることまでは要請していない、ということである。そして、外囲国境の越境を立証する証拠を確保する困難性についての評価が完全に終わった後に、外囲国境の非正規な越境を基準の1つの要素にするという現在のアプローチが実行可能なものであるかどうか決定する必要があると述べていたのである[51]。

　そして、批判が多い中、委員会は責任国決定の基準について、現状のダブリン・システムとは異なる基準をたてる可能性について考察もしていたが、それは以下のようである。第一に、EU内で最後に通過したことがわかっている国という基準であるが、これは、最初に入った国の証拠は収集しがたいのに比べたら立証しやすいという利点があるが、域内国境の廃止をしたためにその効果として国家にペナルティーを与える結果になり正当化できる考えではない。第二に、申請者の移住歴に基づくというシステムについては、移住という基準が明らかでない限り恣意的にならざるをえないであろうし、証拠が鍵となるという点では、現状と同じである。第三に、申請者の出身国という基準、つまり特定の国出身の申請者はすべて特定の1つの国の責任となるという最も急進的な案であるが、これはある出身国で危機が生じたら1つの構成国に非常に重い負担をかけることになるなど、人口学的な結果を考えると大変議論を呼ぶものである。第四に、申請が申し立てられたところという基準であるが、これはしばしばNGOが主張するものであり、ダブリン条約のもつ複雑で官僚的なルールを取り除き、なおかつ重複申請の問題にとりくむという利点があるといわれているが、他方で責任国と外囲国境の管理の間につながりを作るとか、申請者に構成国を選ばせないという他の目的にはそぐわない。そして、最終的な結論として、現状ではダブリン条約は実際にはうまく機能してきていないことは明らかであると認めながらも、ダブリン条約のもつすべての目的を満たすシステムは他には見出せないであろうと述べる。その中で、申請者がはじめに申請したところが責任国となるというアプローチは明確ではあるし、迅速性や確実性、難民のたらい回しの回避、重複申請の回避というメリットがある。ただし、そのアプローチのためには、申請者が構成国を選ばないようにするために、庇護手続きや受け入れ条件、難民や補完的保護の定義の調和が必要であろう、と結論付けるのである[52]。委員会は、以上のように問題はあるが、現行のダブリン・

システムが定める基準をよりよい選択として位置づけて、ダブリン条約からダブリン規則に改定する際にも、また現在の改正作業においても、原則的な考えは変更しなかったのである。

### 4　統合のしやすさという基準

　しかし、一方で、やはり現在の基準への異議は依然として多い。委員会の言うように、構成国間で庇護手続きや受け入れ条件が異なる現状が問題であることも多くの論者が指摘することであり、それについては第5節で検討するが、たとえ構成国間での手続き等がまったく同じになったとしても、まだ残る問題がある。それは「統合」のしやすさという観点からの批判である。

　例えば、イギリスの移民法の実務家団体は、ダブリン規則制定時、ダブリン条約の基準を引き継ぐことには強く反対して、人道的な観点から本人の選択という基準を優先すべきであると主張していた。すなわち、その方が責任国決定の審査が不必要なぶん本案審査に早くとりかかることができ、庇護申請者が受けたトラウマを最小限にすることもできるし、行政の事務作業やコストの節約もできる。そして、本人が選択したところの方が申請者の統合も容易になるということである[53]。欧州議会も、統合の重要性を考えれば、関係するコミュニティーが出来上がっているとか、庇護申請者が言語や文化を共通にもっているとかという場合には、庇護申請者と特定の構成国の間の現存するつながりをもっと考慮するべきであるという[54]。

　ダブリン規則は究極的には全く置き換えられるべきと主張するECREも、ダブリン条約が初めてできたころから比べて大きく状況が変化した現在の欧州においては長期居住者の統合が最優先事項であると主張し、その視点から、2つの点で批判をしている。それらは、第一に、ダブリン・システムは庇護申請の実質的な審査を遅らせることによって統合を妨げ、難民がシステムを避けて地下に潜って生活するインセンティブを与えてしまっているという点、第二に、審査責任の決定は、庇護を求める者と構成国の間の現存するつながりに焦点を当てるべきであるという点である。そして、後者に関して、より広い意味での家族のつながり、類似した出身者の共同体の存在、言語スキル、文化や教育システムをよく知っていることなどは、難民のその国への統合を容易にする要因

であろうと捉え、そしてまた、これらの要因は難民が自ら庇護を求める国を選ぶ際の基準にもなっているであろうから、構成国は、これら若しくは類似の基準又は庇護を求める者の選択にもとづいて庇護申請を受け入れるべきであるという。そうすることによって、難民の地位決定前の非正規な動きを減少させ、また認定された難民の統合を容易にすることを提言している[55]。オデッセウス・ネットワークもまた、現在の基準が、家族のつながり以外の他のつながり、例えば、以前の住居や言語のつながりには「盲目」であるという言い方をして批判している[56]。

　庇護申請者が審査責任国への移送へと至らない主な原因として、申請者の逃亡という問題があることを先にみたが、委員会の調査では、不在になってから18カ月後には審査責任国が責任から解除される(ダブリン規則第19条4項、第20条4項)ことを知って逃げ出す場合もあるという[57]。その理由は次章で見るような構成国間での庇護法及びその実施の違いから、難民認定の可能性や待遇が異なることもあるだろうが、どこで自分が難民として生きていきやすいかという問題はその人自身にとっては重要な問題であり、18カ月間逃げおおすことによって選択肢が与えられるのなら、出身国からの長く危険な旅路の最後に、域内国境管理が廃止されている欧州でもうひと頑張りしてそのチャンスを試したくなるのも当然のように思われる。

## 第4節　特定の国(EUの外囲国境を形成する国)への負担

### 1　当初からの懸念

　ダブリン・システムが特定の国へ負担をかける結果になるのではないかという問題は、当初から危惧されていたことである。つまり、非正規に国境の越境をさせた国に責任を負わせるという基準は、EUの外囲国境を形成する国(外囲国境国)に負担を強いるのではないかということである。それについて、委員会2000年ワーキング・ペーパーでは、各構成国の庇護申請者受け入れ能力に応じた庇護申請者の公平な分配の保障という点について、ダブリン条約はそのような機能を果たすために作られてはいないこと、そして、その負担分担という側面は提案中の欧州難民基金などの文脈で取り組むほうが、ダブリン条約をそ

のような仕組みに置き換えることを追求するよりもよいということを述べていた[58]。つまり、負担の不均衡はあるかもしれないが、それはダブリン・システムの枠外で解決するべきということである。

　それと同時に、ある外囲国境を非正規に越境したという証明は査証や居住許可証といったはっきりした証拠が伴うものではないので、実際にはこの基準の適用は他の基準と比べて困難であろうということも問題の1つであった。たとえば、ダブリン条約の時代にHurwitzは、これはダブリン・システムのあらゆる矛盾と欠陥を露呈するルールで、最も頻繁に用いられるはずのものであるが、違法な越境の証拠の提示の難しさからほとんど適用ができないものとなっているという評価を与えている[59]。

　あらかじめ自分たちに負担がのしかかってくることが予測された国々は、この基準を素直に受け入れたのだろうか。そうではなく、ダブリン条約を改正してダブリン規則にする段階においては、EUの南東に位置する外囲国境国からはこの基準について強い反対の表明がなされた。Ausは、2001年10月から2002年11月までの欧州理事会における議論の様子を関係者への聞き取り調査も含めて分析しているが、彼の研究によると、イタリア、ギリシャ、スペインといった国は、外囲国境を守る義務を構成国に課すということを審査責任国の決定の問題と一緒にしてはならないと主張し、この基準に対して激しく異議を申し立てていたことがわかる。それらの国の反対を押し切るために、ダブリン規則の採択に加えて近い将来違法な移民への対処及び抑止のための事業を開始することを宣言として盛り込むことも試みられたが、それでもそれらの国を納得させることはできなかった。それにもかかわらず、最終的には議長国のテクニック（最終案を提示してそれに明示的な合意を取り付けるのではなく、最終案提示後1週間の期間をおき、その間に明示的な異議がよせられなければ合意が成立したとみなすというやり方）によって、この基準も受け入れられることになったという奇妙な経緯をAusは明らかにしている[60]。はじめからこの基準には十分な合意があったとはとてもいえないことがわかる。

## 2　委員会の認識とそれへの反論

　では、ダブリン規則の下での実際の実行ではどうであったのか。第2章で見

た委員会2007年報告書附属文書が実際の統計を提供しているが、この統計の分析の仕方が委員会とNGOでは大きく違う。委員会は、ダブリンの流れをとらえるのに、入国移送の数を見て、結論として「大多数の移送は外囲国境に位置する構成国に向かうという広く共有されていた仮定とは逆に、外囲国境国と非外囲国境国の全体としての配分は実際にはむしろ均衡しているように見える」と述べている。例として2005年に外囲国境国への移送数の合計は3,055であり、非外囲国境国への移送数は5,161であったので、外囲国境国にばかり移送されたというわけではないと説明する[61]。ただし、基準に照らして審査責任国が決まっても、現在すべての移送が行われているわけでないので、仮にすべての受け入れられた移送が遂行された場合、つまり潜在的な移送数を考えてみると、外囲国境国への移送数は7,829件、非外囲国境国への移送数は13,968件であり、この数字からも外囲国境国に負担をかけるだろうという懸念は否定されるという[62]。

この委員会の結論へは、その分析の仕方とともに批判がされている。たとえば、議会は、委員会が、①各国での統計の取り方が違うこと、②移送されるべき数ではなく実際に移送された数を評価していること、③ユーロダックに登録された不法移民数の少なさからみれば指紋押捺の義務が実行されているかは疑問であること、といった統計上の不備や正確性への疑問を指摘しているにもかかわらず、外囲国境国と非外囲国境国の間の全体の配分は均衡がとれていると結論付けているのは、当てにならない根拠に依拠していると批判する[63]。

ECREの批判は次のようである。委員会は入国移送数のみ考えているが、出国移送数で考えれば、非外囲国境国からの移送は7,040、外囲国境国からの移送は307で、割合は23：1である。各構成国の出国移送数対入国移送数の比率を考えるとより示唆的であり、エストニア以外の外囲国境国は入国移送が出国移送より多くなっている。非国境国ではオーストリアのみが入国移送が出国移送より多く、委員会の表における入国移送数と出国移送数の比率の順位を見れば、1位から12位と14位が外囲国境国である（表2-6右列）。また、純移送数（入国移送数から出国移送数を引いた数）が庇護申請数全体の割合で多い順を考えると11位までと13位14位が外囲国境国となっている（表2-7右列）。ポーランドやスロヴァキア、ハンガリーでかなりな数にのぼっているし、合意された移送が実際に行われたら、これらは40％も増加するだろう。このように、委員会の分析が一面

的であることを批判した上で、現在ダブリン規則の下で責任を多く負わされている構成国に対する支援がないこと、それらの国は庇護システムが発展しておらず、また裕福でもない国であり不釣り合いな責任を負わされていること、このシステムは外囲国境に近い構成国に対して不利益に働き続けるだろうことを指摘している[64]。

## 3 移送の停止その他の措置による対策

　一部の国家に対する過剰負担というこの問題は、前節でみたように、庇護申請者が必ずどこかの国で審査を受けられるようにするというダブリン・システムの目的が果たされないという危険性ももたらしており、委員会も自己の楽観的な考え方に対する批判を受け入れざるをえなかったであろう。UNHCRはすでに、公平で効果的な庇護手続きへのアクセスを確保するためのEU構成国の義務という視点から、EU諸国の政府に、さらなる通知があるまでダブリン規則の第3条2項を用いてギリシャへの庇護希望者の送還を控えるように勧告していた[65]。そのような状況の中で、2008年からのダブリン規則の改定作業において、委員会は負担の多い国への移送の停止の手続きを提案に盛り込んだ。すなわち、「移送の一時的停止」というセクションを設け、「構成国がその受け入れ能力に例外的に重い負担をかけるような特別かつ緊急な状況に直面している場合で、本規則に従った国際的保護の申請者の移送がその負担を増加させる場合は、その構成国はそのような移送の停止を要求することができる」として、そのための手続きを定めようとしているが、概要は次のようである。移送停止の決定は提出された情報に基づいて委員会が行い、その停止期間は6カ月、必要な場合にはさらに6カ月延長できる。委員会は、構成国が上記のような状況で、共同体法、特に「受け入れ指令」に従ったレベルで、国際的保護を求める申請者の保護ができないだろうと考える場合に、その国へのすべての移送を停止する決定ができる。停止された場合は、その申請者の身柄がある国が審査責任を負うことになり、停止の決定は、欧州難民基金に関する決定573/2007/EC第5条の緊急措置のための援助の付与を正当化する（欧州難民基金については後述）。また、当事国ではない他の構成国が停止を委員会に申し立てることもできる（提案第31条）[66]。

　それに対して、議会は、委員会の提案したこの一時的な移送停止手続きには

賛成するといいながらも、この手続きの実効性に疑念を示す。すなわち、ダブリン・システムはそれ自体が負担分担のための道具として開発されたわけではないし、ダブリン・システムが構成国への特定の庇護の圧力や過剰負担を生み出している原因ではないと考えるので、一時停止手続きは実際に保護の水準をあげたり、負担がかかっている構成国を支援したりするための効果的な道具となるよりは、単なる政治的な声明で終わってしまうのではないか、ということである。そこで、保護の水準及び／又は構成国の連帯を改善させるために、構成国に拘束力のある措置として、「とりわけ地理的又は人口的な状況のために、国内システムが特別かつ不均衡な圧力に直面している構成国への効果的な支援を提供するため」の道具をつくること、そして、それには次のことを含めることを提案する。ひとつは、そのような構成国を受け入れ基準の保障や迅速な庇護審査などの点で支援するための国内庇護専門家チームの設立と欧州庇護支援事務所の後援による役人の派遣、もうひとつは難民やその他の国際的保護を受ける者の構成国内でのリロケーション、すなわち再配分措置である。それに加えて、共同体法の違反が続くようであれば違反手続を発動することも可能性として考えるべきであるという[67]。

このように、責任分担の制度であり負担分担の制度ではないというダブリン・システムも、それが庇護申請者の権利の問題に深刻な状況を与える限りは過剰負担の側面を全く無視することはできなくなり、結果として、問題となっている国に対してEU又は他の国による支援を行う仕組みが整備されていくようになりつつある。委員会の考える仕組みは、責任を果たすことができない国の庇護申請の審査を他の構成国が代わりに引き受けるというものであるが、それに対して、議会は実際は構成国はそのような物理的な負担を自ら引き受けることはしないだろうという現実的な予測をし、その前提で、問題となる国の能力の強化のための仕組みと、事後的な再配分という形での協力を提案している。この議会の提案に示されたリロケーションと欧州庇護支援事務所とはどのようなものか、少し詳しく見ていこう。

## 4　リロケーションと欧州庇護支援事務所

欧州庇護支援事務所やリロケーションといった新たな道具や措置は、2008年

に採択された欧州移民・庇護協定においても提唱されていたものである。ハーグ・プログラムの中ですでに提案されていた欧州庇護支援事務所に関しては、NGOからも設立を期待されていたもので、2009年2月に委員会が「欧州庇護支援事務所を設立する規則提案」[68]を出し、審議が進んでいる。提案によると、同事務所は意思決定の権限はなく、勧告、調査、評価などを通じて構成国間での庇護に関する実務協力の推進に対する支援活動を行う機関である。活動内容は、庇護に関する実務協力の支援のほか、特別の圧力の下にある構成国の支援、欧州共通庇護制度の実施への貢献の3つである。そのために、たとえば、難民等の出身国の情報収集(提案第4条)や、特別かつ不均衡な圧力を受けている構成国からの国際的な保護を受けた人の他の構成国への移送(提案第5条)、庇護に関係する公務員の訓練の支援(提案第6条)、第三国定住も含め対外的な側面に関する情報交換の調整(提案第7条)等の具体的な任務が規定され、庇護支援チームの形成(提案第13条)等の支援体制が構想されている。

　他方で、リロケーションに関しては、上記の委員会提案において欧州庇護支援事務所の任務の1つとしても規定はされていたが、2009年6月にはストックホルム・プログラム作成のたたき台として出された委員会の通知「市民に奉仕する自由・安全及び正義－より安全な環境の中でのより広い自由－」の中でも、庇護について述べている部分において、「域内第三国定住」(internal resettlement)という言葉で、構成国間での責任分担と連帯のためのメカニズムを設立することが再び提唱された[69]。このように、委員会はこの措置に対して積極的な考え方を示していたのだが、これに対して、潜在的な送り出し国からの支持はあったものの、潜在的な受け入れ国はあまり興味を示さなかったとのことである[70]。しかし、同じ月にブリュッセルで開かれた欧州理事会は、「特別かつ不均衡な圧力にさらされている構成国に受け入れられている国際的な保護の受益者及び非常に脆弱な人々を構成国間で再配分するための自発的な措置」を調整することを要求し、マルタでパイロット・プログラムを行うという委員会の考えを歓迎した[71]。このように欧州理事会の支持をうけた委員会は7月にはマルタに派遣団を送りニーズの調査も行ったが[72]、マルタからの難民のリロケーションには、フランスが95人を受け入れた[73]のを例外として、名乗りをあげた国は多くはなかった[74]。このように、域内のリロケーションは大半の構成国にとっ

て気の進まないものであっただけでなく、UNHCRもいくつかの懸念を表明している。その中には、リロケーションは人々の到来という現在生じている重大な問題の解決の助けにはならず、それどころか引き寄せ要因にもなること、送り出し構成国が自国の保護対応力を強化させることを促進しないこと、第三国からの難民の第三国定住を犠牲にすることなどが挙げられている。そして、この試みが成功するためには、リロケーションの対象となる人の基準や、配分先の国を決定するために考慮すべき要素を考える必要があることなどを示唆した[75]。しかし、第1章でみたように、2009年12月に採択されたストックホルム・プログラムは、委員会通知にはあった「域内第三国定住」への言及はもはやなくなっていた。

そして、現在、欧州庇護支援事務所をマルタに設立するという委員会案にUNHCRも賛成している[76]。この2つの動き、すなわち、特別の圧力を受けている国への支援には積極的であるがリロケーションには消極的であるという構成国の行動は、実際の人の受け入れという負担は負いたくないが、負いたくないからこそ、そのための他国への支援の負担は引き受けるという構成国の意向が表れているところではないだろうか。「欧州庇護支援事務所の設立に関する規則提案」の中で、委員会はリロケーション（委員会の用いている言葉は正確には「共同体内移送」）を構成国が自発的に参加するものとして提案していたが（提案第5条）、4月に出された議会の市民的自由・司法及び内務問題委員会の報告書では、「リロケーションが自発的なベースでだけ行われれば、自国の庇護制度に対する特別かつ不均衡な圧力に直面している構成国への連帯を示すのには役に立たない」[77]ので、「自発的なベースで」という文言を削除することが主張されていた。多くの構成国に自発的な参加が期待はできないかもしれないという点では議会の読みは当たっていたわけであるが、実質的な人の受け入れ負担の引き受けという形での「連帯」を期待すること自体が難しいように思われる。

## 5　大量避難民の一時的保護

ところで、構成国間での負担の分担を目的とした措置がEUには存在していなかったわけではない。つまり、アムステルダム条約による改正でEU条約第63条2項(a)として規定されることになった大量の避難民の一時的な保護のため

の措置である。2000年の委員会の提案[78]に基づき、2001年に「避難民の大量流入の際の一時的保護付与のための最低基準並びにそのような人の受け入れ及びその結果の負担における構成国間の努力の均衡促進のための措置に関する理事会指令」[79]が採択された。実は、それまでにもマーストリヒト条約で設けられた政府間協力の枠組みの中で、委員会はこの問題に取り組もうという試みを3年連続で行っていたのであるがいずれも失敗していた。それがアムステルダム条約とタンペレ理事会という法的・政治的な後押しを得てようやく法制化できたのであるが、この頃までにはほとんどの構成国においてすでに一時的な保護の制度が作られており、多くの共通項をもつようになっていたという状況だった[80]ことも指令成立の背景にはある。この指令の概略は以下のようである。まず、「一時的な保護」とは避難民の大量流入の際に与えられる例外的な措置で（第2条(b)）、原則として1年間、その後さらに1年まで延長されうるものである（第4条）。この場合避難民とは、「とりわけ国際組織による呼びかけに反応して、自国若しくは出身地域を去らなければならなかった又は避難させられた人であって、その国で蔓延している状況のために安全かつ恒久的に帰還することができず、ジュネーブ条約第1条A又は他の国際的保護を与える国際的若しくは国内的な文書の範囲に入る可能性のある人」であり、特に、「武力紛争又は特定の民族に向けられた暴力が存在する地域から逃げてきた人」及び「組織的又は一般的な人権侵害の重大な危険にさらされている又は犠牲となった人」を含む（第2条(c)）と規定されている。

　避難民の大量流入の存在の認定及び終了は委員会の提案に基づいて理事会決定によって行われ（第5条）、構成国はそのような避難民に対して、居住許可の発行、査証取得のための便益供与等を行い、また、労働、職業訓練又は実習等（第12条）、住居（第13条1項）、社会福祉や生活手段（同2項）、医療援助（同3項）、教育（第14条）など一定のものを与えることが定められている。労働の許可に関しては、労働市場政策の理由によって、EU市民、欧州経済領域（European Economic Area、EEA：EUとスイスを除く欧州自由貿易連合—European Free Trade Association、EFTA—加盟国との単一市場の枠組み）加盟国国民及び失業手当を受給している合法的に居住する第三国国民に優先権を与えることができ、雇用、雇用及び自営に関する社会保障制度並びに他の雇用条件に関する構成国の一般法が適用する

（第12条）。一時的保護が終了したときには、自発的な帰還（第21条1項）又は強制的な帰還（第22条）が考えられている。

　この仕組みの運営のために、構成国は連帯の精神で受け入れをする。まず、構成国は受け入れ可能な人数又は条件を示し、それが理事会指令の中で明記される（第25条1項）。そこに示された受け入れ可能数より保護資格者が多い場合は理事会が追加的な支援を構成国に要請するなど適切な措置を採る（3項）。そして、この措置のためには難民基金が用いられる（第24条）。委員会はこの「連帯」を、財政的な連帯と物理的な受け入れにおける連帯の2つに分けて説明している。すなわち、財政的な連帯のメカニズムはこの指令が難民基金に言及することによって明示的に提供するものであるといい、明白、透明かつ予測可能な財政的メカニズムとして表される連帯を強調する。他方で、物理的な受け入れにおける連帯は、受け入れ構成国の意思と受け入れられる人の同意という二重の意味での自発的な行動によるものであり、それが構成国で合意されたことであるという。マーストリヒト条約の下で委員会が最後に立法を試みた時に問題となったのもこの点で、避難民の入国及び居住の問題における負担分担の問題で話し合いが暗礁に乗り上げ、その打開策として二重の意味での自発的な行動という案がその時から出されていたのである。つまり、実際の人の受け入れの義務を伴う措置をつくることは構成国間で合意はできず、財政的な意味での「連帯」しか当指令では保障はされていないということである[81]。

　この後、コソボ紛争のときほどの大量の避難民の発生という事態は生じず、この指令を適用した理事会の決定は行われていない。しかし、このときに同時に創設された欧州難民基金は、一時的な保護以外のためにも用いられるものとしてつくられ、委員会が、負担分担のために活用すべきと提唱していたように、現在その用途は拡大している。

## 6　欧州難民基金とその改正

　欧州難民基金は、EU条約第63条2項(b)の「難民及び避難民の受け入れ及びその結果の負担における構成国間の努力の均衡促進」という要請に基づいて、タンペレ理事会で求められた「構成国間の連帯を基礎とした避難民の一時的保護の問題に関する合意を達成する努力」の一環であり、「欧州庇護希望者の大量の

流入の場合に一時的な保護を提供するための緊急措置実施のための財政的リザーブ」[82]として2000年にはじまったものである。「構成国によって支払われた労力の均衡を図るためのメカニズム」[83]として、財政面での構成国間での「連帯」の象徴的な措置である。第一期が2000年から2004年で総額2億1600万ユーロ[84]、第二期が2005年から2010年までで1億1400万ユーロ[85]の予定であったが2007年末日で打ち切られ、第三期は2008年から2013年で6億2800万ユーロの予算額[86]である。現在、委員会は、第三国定住の観点からこの第三期の計画に再び修正案[87]を提出しているところである（第4章参照）。

　先に述べたように、大量の避難民を受け入れた特定の国への支援の必要性が意識されてつくられた基金であるが、当初から、それ以外も支援の対象としていた。最初の段階では、対象となる人たちのグループは、難民、その他の国際的な保護を受ける人、それらの地位への申請者、一時的な保護を受ける人、その申請者、の5つのカテゴリーであり（理事会決定2000/596/EC第3条）、基金が支援する構成国の行動は、受け入れ条件に関する措置、人々の統合のための措置、帰還のための措置、の3つであった（同第4条）。そして、第一期での基金の実際の使途別配分は、庇護申請者の受け入れと手続きへのアクセスに関する措置が全体の51％、統合に関する措置が28％、帰還に関する措置が21％であり、使われ方は主に3つに分かれていたことが報告されている。すなわち、イタリア、スペイン、ポルトガル、ギリシャという難民や庇護申請者の受け入れ経験が浅い国は特に受け入れ施設の整備に基金を充て、オランダ、ドイツ、イギリス、スウェーデン、フィンランドなどの経験の豊富な国は統合と自主的な帰還のプロジェクトのために基金を使い、フランス、ルクセンブルグはすでに進行中の活動への補充に基金をあてていた[88]。このように、EUの中にも庇護申請の審査のために十分な体制が整っていない国々が少なくはなく、初期の基金はそれらの改善に役立っていたと考えられる。

　第三期になると、ターゲットとなる人のカテゴリーに、第三国定住の対象者が加わり（理事会決定573/2007/EC第6条(e)）、支援すべき構成国の行動にも、第三国定住が加わる（同第3条(d)）。また、後者に関しては、ダブリン・システムの下での移送及びリロケーションによる移送（同第3条(e)）、欧州共通庇護制度の下での国内での庇護政策の発展、監視及び評価も加わっている（同第3条(d)）。

当初2010年までの予定であった第二期が途中で打ち切られて2008年から第三期になったのは、「連帯と移民の流れの管理（Solidarity and Management of Migration Flows）」という一般プログラムの中の1つとして、欧州難民基金を位置づけたからである。同プログラムはその他に、外囲国境基金、合法的な第三国国民居住者のための欧州統合基金、不法な第三国国民居住者のための欧州帰還基金という3つと合わせて計4つの基金からなるものであり、全体で不法入国を抑止し合法移民を保護するための仕組みを支援するものである。保護を必要とする難民や避難民を対象としている欧州難民基金がこの中に組み込まれたことは、難民の問題においても第三国からの人の流れの管理というものが重要な関心事となっている側面を表していると思うが、この点は、次章で詳しく検討する。

ところで、大量の難民の一時的保護、そしてそのために生まれた欧州難民基金は、構成国間の「連帯」という言葉をつかって進められたはじめての措置である。第1章で見たように、現在のリスボン条約は、第80条で「本章に定める連合の政策及びその実施は、財政的な意味合いも含めて加盟国間の連帯及び責任の公平な分担によって規律される。本章に基づいて採択された連合の法は、必要な場合はいつでもこの原則を有効にする適切な措置を含む」と庇護政策全般にわたって「連帯」の原則が求められるようになっているが、アムステルダム条約及びタンペレ理事会の時はまだ、他の措置に関しては、「連帯」という視角は盛り込まれていなかったのである。しかしながら、その「連帯」がこの一時的な保護に関する指令の作成で大きな焦点であったということは先にみたとおりである。

では、なぜこの問題では他の問題に先駆けて「連帯」というものが求められることになったのであろうか。この欧州難民基金に連帯の精神が求められたのは、それが庇護政策の分野の他の措置の促進のために必要であったからであるという指摘がされている。すなわち、**Thielemann**は、欧州難民基金はドイツやイギリスに多くの配分がなされていたが、それらの国は絶対数としての難民受け入れ数は多いが、人口比で考えると決して負担が最も大きいというわけでない。したがって、欧州難民基金は負担の大きい国を支援するという意味での真の連帯の措置ではなく、国内の既存の制限的な難民法にこだわっていた国（例えば、この分野でオプトアウトしているイギリスや非政府機関による迫害を難民の定義に含めたくなかったドイツ）を引き込むための別払いの補償金という役割をもっていた

という。そして、彼は、そのことを当時の委員会の委員であったVitorinoが第二期欧州難民基金の提案を採択した時の言葉、すなわち、財政的な連帯がなぜ必要なのかという理由について、欧州の新ルールを適用しタンペレで合意されたものより野心的な第二段階の庇護法の調和を支援するために財政的な連帯を示すことが必要である、と述べていたことからも確認している[89]。現在のギリシャの場合もかつてのドイツ・イギリスの場合も、難民や庇護申請者の圧力から逃れるために独自の政策をとりたいと考える国を欧州共通庇護制度の枠内に留めておくために「連帯」というスローガンが必要となるということで、問題となっている国にとっては「連帯」のためにその枠に留まることを、他国にとっては「連帯」のためにその国を支援することが要請されるのである。

## 第5節　各構成国における庇護法及び実施の違い

　庇護審査を本人の意思とは異なるある1つの国で受けなければならないというダブリン・システムの不適切さの原因として最も多くあげられるのが、現在の庇護法及びその実施が均一ではなく各構成国によって差があるということである。当初は、むしろ、UNHCRもダブリン条約を「地域的に近接し庇護手続きが類似している国家」間の試みととらえていたのだが、その始動とともに、むしろ構成国間での類似性よりも差異が問題となっていった。

　そして、それはダブリン条約の下でもすでに各方面から問題とされていた。委員会自身、先にみたように2000年ワーキング・ペーパーで、ダブリン条約の目的の1つは申請者が申請国を選べないようにすることによって庇護手続きの濫用を防ぐことだといいながら、現在の庇護の請求の割り当てがどのくらい庇護手続きの濫用を防ぐ役割をもつのかは意見が分かれるところとなっていると述べていた。そして、構成国間での実質的な庇護法や庇護手続きが未だ接近しておらず、一定の国籍の国民に対する認定率がかなりの程度異なる現状では、国際的な保護を求める人々がある国を他国よりもより魅力的であると考えることは理解できると考えていた[90]。UNHCRも2001年に、庇護の分野において調和された水準が確保されることが、責任移転の仕組みが信頼性を得るための条件であることを強調し、国による水準が異なる状況で、実際には、主権条項を

用いて構成国が裁量権を行使することが、迫害国への間接的な送還や難民条約の利益へのアクセスの否定に対する唯一の効果的なセーフガードを与えうると述べていた[91]。NGOでは、たとえばアムネスティ・インターナショナルもまたこの点を強調し、構成国の庇護制度が異なる現状で、庇護申請者が必要な保護を受けられない事態が生じないような保障がなされる必要性を説いていた[92]。

構成国間における差異とは、大きく分けて難民の定義の違い、手続きの違いに由来する認定率の違い、手続きの違いに由来する待遇の違いという側面がある。以下、順を追ってみていこう。

## 1　難民の定義の違い

難民の定義が異なることによってある国では難民として認められる可能性のある人が、他の国ではその可能性がない場合がある。その場合、人道条項や裁量条項を用いて申請者を有利に取り扱う可能性も残されていたが、ダブリン条約の下ではそうすることが一般的というわけではなかった（第2節の「家族の統合」参照）。例えばオランダなどでは、人道条項や裁量条項をそのような目的で用いることを否定する判決が多く出されたが、それは、同条約は各構成国の庇護政策及び規則に対する「相互の信頼」の上になりたっているという前提があったからだという[93]。それに対して、イギリスの裁判所はより開放的な考え方をしていた。ソマリアで少数部族に属するものとして迫害を受けていた者が、ソマリア政府には保護をする能力がないと主張して庇護申請をしたAdan事件、及び、アルジェリアにおいてある派閥から迫害を受けていた者が政府から保護が受けられないと主張したAitseguer事件において、イギリスの国内裁判所は、彼らがはじめに申請を行ったドイツ、フランスへそれぞれ彼らを送還しようとした内務大臣の決定に対してストップをかけた。すなわち、控訴審裁判所の判決は、難民条約第1条A(2)は非国家機関による迫害を恐れる人にも及ぶものなので、内務大臣は庇護申請者をドイツとフランスに戻す権限はないと述べたのである。そのような状況の中、ダブリン条約の時代、欧州人権裁判所でT.I.対UK事件[94]についての見解が出され、この側面はいっそう強調されるようになっていったのである。

## 2　T. I. 対UK事件

　これは、2000年3月7日に出された受理許容性に関する決定であり、非国家機関による迫害に対して異なる考え方をもつ他の構成国へ申請者をダブリン条約の基準に従って移送することが、国家の人権保障義務に違反しないかという問題を扱っていたものである。現在でもしばしば言及される重要な決定であるので事件の概要も含めて見ておきたい。

【事件の概要】

　原告は、1969年生まれのスリランカ国籍で、当時イギリスのキャンプズフィールドハウス留置所に収容されている者であった。彼は、1995年5月までスリランカでLTTE（タミル・イラム解放の虎）に支配されていた地域に暮らしていたが、LTTEの居留地に連れて行かれ3カ月以上囚われの身となり、そこから父と逃亡し電車でコロンボに到着した。しかし、今度はスリランカ軍からLTTEのメンバーであると疑われ申請者とその父は逮捕され、その際抵抗した父は兵士に押さえつけられて翌日心臓発作で死亡した。原告は軍からLTTEとの関係を問われ拷問を受け続け、叔父が賄賂を渡してようやく釈放されたが、もう一度逮捕、釈放を繰り返した。

　原告は釈放されて間もなくスリランカを出てドイツに到着し、そこで庇護を申請した。ドイツ連邦難民認定局は拷問の存在を結論付けることはできず、本件は「庇護の権利とは関係ない。これらは孤立した組織による乱行でありスリランカ国家に責任を負わすことはできない」との決定を行った。その後、バーバリアン行政裁判所によって原告の訴えが審議されたが棄却された。同裁判所の見解は、LTTEの行為について国家に責任を負わすことはできないこと、原告はスリランカに戻っても政治的な迫害からは十分に安全であること、スリランカ軍によってテロやLTTEの活動を支援していると疑いがあるものに対して拘禁や不適切な取り扱いが行われる危険性はあるが、スリランカ軍が原告をLTTEと疑う理由はなく、金銭をゆすりとるための逮捕があったとしてもそれは政治的な迫害ではなく、役人の個人的な乱行である、というものであった。原告は、弁護士に勝つ見込みはないといわれて上訴はしなかった。

　原告はドイツを出てイギリスにわたったが、移民局に発見されてその翌日庇護を申請した。イギリス政府はダブリン条約に基づいてドイツに責任を引き受

けるよう請求し、ドイツは同意したので、内務大臣が証明書を出し、ドイツに向けて彼の移送を指示した。イギリスは原告の庇護申請の内容を審査はしなかった。

　原告は控訴裁判所に、ドイツ当局の立証水準や難民条約の適用についてのアプローチについての不服を訴えた。同裁判所は彼の申し立てを受け入れ、内容を審議することとした。同裁判所は、ドイツ当局は難民条約の義務に反していないという内務大臣の結論を支持する判決を出したので、原告は貴族院へ申し立てを行ったが却下された。

　内務大臣は同情的な理由のために原告に滞在を許可する裁量を行使するのを拒否し、ドイツは安全な第三国であるということを彼に知らせ、彼のドイツへの退去の指示を出した。医者から原告の拷問に関する叙述を裏付ける医療報告書が提出され、彼はそれとともに二度目の裁判の申し立てを行ったが却下され、内務大臣へ決定を再考するよう求める請求も認められなかった。そこで、原告は、彼のドイツへの移送を命令するイギリスの行為は、彼を即座にドイツからスリランカに移送させるものであり、欧州人権条約の第2条、第3条、第8条及び第13条に違反すると欧州人権裁判所に提訴した。

【裁判所の判断】
　同裁判所は、まず、締約国は確立された国際法の問題として、欧州人権条約を含めた彼らの条約義務に従って、外国人の入国、居住及び追放を管理する権利をもつということを確認した上で、以下のように述べる。政治的な庇護の権利は当条約にも議定書にも含まれていないが、第3条の下での拷問及び非人道的な又は品位を傷つける取り扱いの禁止は根本的な重要性をもち、それによって、締約国は、ある人を、第3条に反するような取り扱いをされる現実的な危険性に直面すると信じる実質的な理由が示されるところに追放しない義務を負っている。判例によると、この義務はそのような取り扱いの危険性の源が、直接的であれ間接的であれ、受け入れ国の当局の責任を含む要因から生じているか否かには関係なく存在し、また、その権利の絶対的な性格から、第3条は危険が公務員ではない私人や私人のグループから生じているような状況にも及ぶものである。

　また、同裁判所は、本事案における、その国自体も欧州人権条約締約国であ

る中間国への間接的な移送が、イギリスの責任―イギリスによる追放の決定の結果、原告が同条約第3条に違反する取り扱いをされることにならないように保障するという責任―に影響を与えるものではないと考え、また、イギリスはこの文脈において、ダブリン条約が定める庇護申請を決定するための欧州諸国間での責任の帰属に関する約束に、自動的に依拠することもできないと考える。そして、諸国家が一定の分野の活動における協力を行うために、国際組織を作ったり必要な変更を加えて国際的な合意をしたりする場合には、基本権の保護が含意されるだろう、もしもそれらによって、そのような帰属によってカバーされる活動分野に関して締約諸国が欧州人権条約の下で負う彼らの義務から免除されるのであったら、本条約の意図及び目的とは両立しないであろう、と述べる。…。そして、同裁判所は、UNHCRのコメント、すなわち、ダブリン条約は多くの目的を追求する可能性をもつが、締約諸国が与える保護の範囲について異なるアプローチをとることになれば、その有効性は実際には損なわれるであろうということに留意する。

　以上のような見解を示した後に、裁判所は、イギリスが申請者を条約第3条に違反する拷問及び不適切な取り扱いの危険性から保護する義務に従っていたかどうかを検討する。そして、以下に述べるように、ドイツにおいて原告が同国の外国人法第53条4項の下で保護される可能性は少ないが、第53条6項によって保護される可能性が十分にあるという見解を示し、したがってドイツへの送還というイギリスの行為が第2条、第3条及び第8条違反ではないと結論付ける。

【考　察】
　本件において、原告がイギリスからドイツへの引き渡しを拒んでいる主な理由は、非国家機関、この場合はLTTEによる迫害に関する考え方が、両国では異なっていたからである。当時イギリスでは、その場合でも難民条約における迫害にあたると判断がなされていたのに対し、ドイツではそうではなかった。すなわち、ドイツ憲法裁判所の一貫した判例によれば、政治的な難民としての認定は国家又は準国家的な当局からの迫害の危険性があることが必要であった。私的組織又は私人からの迫害の場合は、それが、国家が私的団体からの迫害を支援するか又は受動的に寛容するかしているため、それを国家の責任と帰

すことができるときのみ、又は例外的に、国家が現存する政治的又は社会的構造の結果として行動することができないために適切な保護を与えない場合にのみ、難民の資格を与えられた。これは、国家がその領土の一部において事実上支配を失った状況は含まない。また、国家の役人による不適切な取り扱いは彼の職務を逸脱した個人的な出来事として考えられ、通常の行政法又は刑法に従って禁止及び制裁が科され、国家は責めを負わない。このようなドイツの基準に照らせば、本件の場合は、原告は同国の外国人法第51条(外国人を政治的な迫害に直面する国へ追放することの禁止)の下で保護される可能性はないし、また、同法第53条4項(欧州人権条約第3条に反する取り扱いの重大な危険性がある場合の追放の禁止、判例によると同条の適用のためには国家又は疑似国家権力による非人道的又は品位を傷つける取り扱い又は処罰の重大な危険性が示されなくてはならない)の下で保護される可能性もない。しかし、第53条(6)の下で保護される可能性がある。というのは、同条は、当局に外国人の生命、人格の一体性又は自由に関して実質的な危険性がある場合に追放を停止する裁量を国家に与えており、これは国家行為又は私人の行為のいずれの場合から生じる個人の危険にも適用するからである。

　欧州人権条約第3条が、締約国が他国への引き渡しという間接的な行為によってその義務に違反することをも禁止していることは、ゼーリング事件(Soering Case、欧州人権裁判所1989年7月7日判決)等で明らかにされてきた欧州人権裁判所の確立した判例であり、本件はその判例に沿った解釈を示しているのだが、本件の重要性は、他の国際的取り決め、すなわちダブリン条約によっても締約国は欧州人権条約第3条の義務から自動的に解放されないと名言したことであり、裁判所がUNHCRの意見を支持しているところである。UNHCRがダブリン条約を評価している点は、ここにおいても庇護のたらい回しをなくすということであるが、その有用性も構成国によって保護の範囲が異なれば損なわれるという同組織の意見を支持した当事件における欧州人権裁判所の見解は、その後、ダブリン条約が真に機能する条件として、構成国間での庇護法の調和が必須であるという命題を至上のものとしたのである。庇護法の調和はダブリン・システムと並んでアムステルダム条約とタンペレ理事会により与えられた課題となり、当事件で問題となった非政府機関からの迫害

をどう扱うのかについても、「資格指令」で明確にされることになった。「資格指令」を含めた第二次法で現在どこまで庇護法の調和が進んでいるかの概要は第6節において見ることにする。

## 3　難民認定率の差

　難民認定率の違いは、難民審査における立証基準などの違いから生じてくるであろう。先にあげたギリシャでは、認定率自体も大変低いことが報告されている。UNHCRによれば、2007年には25,113人の新たな申請があったがそのうち、難民の地位を付与されたのは8人であり0.04％にしか過ぎない。上訴の段階では138件で2.05％であり、他国と比べ非常に低い。その中には5,474人のイラク人の庇護申請者がいたが、第一段階の審査では難民の地位又は補完的な保護を受ける地位を与えられた者は誰もいなかったことが報告されている[95]。現在のダブリン・システムを「庇護のくじ」と表現するECREによると、2005年チェチェン人への認定率は、スロヴァキアで約0％、オーストリアで約90％であり、イラク人に関しては2007年に第一段階の認定率がキプロスで87.5％、ドイツで85％、スウェーデンで82％、デンマークで30％、イギリスで13％、スロヴェニアとギリシャで0％であった。また、フセイン時代にはドイツで18,000人に難民の地位が与えられた一方で、他の国では一時的な保護を与えたところもあったがまったく放置状態の国もあったという[96]。

　表3-1に示すのはEUが出した2008年分の統計である。この表によれば、ソマリア出身者のドイツでの第一審での認定率(79.3％)は27カ国全体の認定率(73.1％)よりやや高いがロシア出身者のドイツでの第一審での認定率(23.4％)は27カ国全体の認定率(43.7％)よりもかなり低いなど、イラク人に限らず難民申請者の出身国により認定されやすい構成国とそうではない構成国があるのは明らかである。もちろん、ギリシャのようにどの国出身の人に対しても認定率がかなり低い国や、イタリアのようにどの国出身の人に対しても比較的高い認定率を示す国もあり、その点でもどの国が審査するのかによって、同じような事案の結果が異なってくることが予想される。

表3-1 審査の各段階における出身国別認定率 (2008年)

| | イラク | | ソマリア | | ロシア | | アフガニスタン | | エリトリア | |
|---|---|---|---|---|---|---|---|---|---|---|
| | 第一審 | 終審 | 第一審 | 終審 | 第一審 | 終審 | 第一審 | 終審 | 第一審 | 終審 |
| EU27カ国 | 46.1 | 44.8 | 73.1 | 45.6 | 43.7 | 33.1 | 37.5 | 34.9 | 71.6 | 56 |
| ベルギー | 52.6 | 9.4 | 50 | 2.4 | 25.3 | 2.4 | 23.2 | 14 | 57.9 | 9.1 |
| ブルガリア | 65.2 | 66.7 | 66.7 | * | 0 | * | 46.8 | 100 | * | * |
| チェコ | 79.5 | 66.7 | * | 100 | 33.8 | 11.4 | 3.1 | 0 | * | * |
| デンマーク | 62.3 | 58.6 | 52.6 | 0 | 77.9 | 0 | 52.1 | 21.4 | 100 | * |
| ドイツ | 80.1 | 55.6 | 79.3 | 77.8 | 23.4 | 24.1 | 47.5 | 33.4 | 70.6 | 88.2 |
| エストニア | * | * | * | * | * | * | * | * | * | * |
| アイルランド | 48.7 | 44.8 | 44.1 | 17 | 44.7 | 36.8 | 13.7 | 32.8 | 28 | 8.3 |
| ギリシャ | 0.2 | 72.8 | 2.2 | * | 2.6 | * | 0.8 | * | 0 | * |
| スペイン | 51.2 | 0 | 19.5 | 0 | 20.2 | 0 | 34.6 | 0 | 3.2 | * |
| フランス | 82.1 | 37.9 | 56.4 | 46.7 | 21 | 45.3 | 30.5 | 39.4 | 69.5 | 38.5 |
| イタリア | 88.2 | * | 96 | * | 63.6 | * | 64.3 | * | 90.3 | * |
| キプロス | : | 0 | : | 0 | : | 6.1 | : | : | : | * |
| ラトビア | * | * | * | * | * | * | * | * | * | * |
| リトアニア | * | * | * | * | 86.4 | 6.3 | * | * | * | * |
| ルクセンブルグ | 50 | 60 | 33.3 | 25 | 0 | 18.5 | 75 | 33.3 | 0 | 12.5 |
| ハンガリー | 70.5 | * | 98.1 | * | 44.4 | 0 | 75.6 | * | * | * |
| マルタ | 0 | * | 98.1 | 5.6 | * | * | * | * | 93.2 | 0 |
| オランダ | 66.9 | 65.9 | 64.5 | 54.4 | 24.2 | 64.3 | 38.1 | 35.3 | 70.1 | 62.5 |
| オーストリア | 87 | 26.4 | 89.8 | 22.5 | 78.9 | 38.7 | 88.4 | 62.6 | 66.7 | 0 |
| ポーランド | 100 | * | 85.7 | * | 70.2 | 16.3 | 50 | * | * | * |
| ポルトガル | * | * | 100 | * | * | * | * | * | 100 | * |
| ルーマニア | 70.8 | : | * | : | 0 | : | * | : | * | : |
| スロヴェニア | * | * | * | * | 0 | : | * | * | * | * |
| スロヴァキア | 73.3 | 0 | * | * | 0 | 0 | 63 | 71.4 | * | * |
| フィンランド | 55.7 | 40 | 47 | * | 26 | 50 | 69.1 | 96.2 | * | * |
| スウェーデン | 31 | 45.3 | 57.8 | 54.5 | 12.9 | 51.9 | 44.2 | 55.2 | 62.9 | 52.1 |
| イギリス | 28.6 | 22.8 | 52.4 | 55.8 | 42.3 | 19.5 | 41.5 | 25.9 | 61.5 | 56.4 |
| アイスランド | * | * | * | * | 80 | 0 | * | * | * | * |
| ノルウェー | 32.8 | : | 54.5 | : | 11.8 | : | 82.5 | : | 69.6 | : |
| スイス | 59 | 5.6 | 54 | 3.8 | 45.5 | 13 | 59.6 | 20.3 | 83.3 | 1.2 |
| リヒテンシュタイン | : | : | : | : | : | : | : | : | : | : |

出典：'Population and social conditions', Eurostat Statistics in focus 92/2009, p.6

## 4　審査手続きの違いからくる待遇の違い

　さらに、審査手続きや庇護申請者の受け入れ条件の違いという問題もある。やはり、この問題でもギリシャには特によくない状況があった。UNHCRの指摘によると、手続きに関する情報不足と通訳不足により多くのイラク人の庇護希望者が効果的に上訴できない状況であり、また、2007年の終わりまでに判断を待っている上訴の事例が19,015件にものぼり、その待機期間は2カ月から4年にもわたっていた。ギリシャは、後述する庇護申請者の「受け入れ指令」に関して指令が求める期日までに必要な国内法を定めることができなかったのであるが、そのことについて委員会から欧州司法裁判所に提訴され、2007年4月19日に同裁判所から義務違反を宣言されている[97]。その後、ようやく2007年11月13日に大統領令を採択して、シェルターや日々の手当の支給が行われるようになったが、実施については現在でも重大な欠陥があるという[98]。これまでもみてきたギリシャのこういった庇護状況をかんがみて、UNHCRはEU構成国の政府に、さらなる通知があるまでダブリン規則の下でギリシャへ庇護希望者を送還するのを控えること、そして、それぞれの政府はダブリン規則の主権条項を用いて自国が審査国になることを勧告したのである[99]。

　また、難民ではなく一時的な保護を与えられた人に対して認められる社会権が構成国によってかなり異なっていることもECREによって指摘されている。そして、同組織は、構成国の庇護システムの調和が十分でないところにおいてダブリン・システムを適用することは、保護を求めるものにとって、より悪い結果をもたらすことを強調する。つまり、負担の多い外囲国境国に対して、自国の領土や庇護手続きへのアクセスを制限しようとする誘惑を与え、その結果、庇護を求める人が地下にもぐって他国へいったり、庇護手続きを全く避けようとしたりする。しかしながら、そのような非正規な地位におかれることで、その者たちが人身取引や他の搾取の対象とされやすくなってしまうと指摘する。そうなることを避けるために拘禁を行ったり迅速な審査の方法を採用したりすることはさらに問題を生んでしまう。そして、同組織は結論として、ダブリンは解決しようとしていた問題を悪化させているというのである[100]。

　先に述べたように、庇護法の調和はダブリン・システムと並んでアムステルダム条約とタンペレ理事会での命題であったので、ダブリン規則と同様に、す

でに第一段階のための共同体法は作成され国内法化され、運用されている。しかし、これらの実態や批判を見ると、第一段階では十分な調和を達成することはできなかったということである。現在、第二段階へと改正作業が進んでいるものはそれも含めて、それらのEU庇護法の概要を見ておこう。どの側面も、それ自体多くの問題点と議論があるが、ここではそれを立ち入って検討することはしない。ダブリン・システムに必要な庇護法の調和のためにどのような立法がすでにされているのかを確認するために概観するだけにする。いずれの法も改正作業の前提として、ダブリン規則と同様、委員会の影響評価報告書の作成等がなされているが、それらについても言及はしない。

## 第6節　庇護法の調和の進展

### 1　難民の地位の承認及び内容に関するルールの接近／補完的な保護を必要とする人へ適切な地位を付与する補完的な保護の形態に関する措置→「資格指令」

タンペレ理事会で課題となったこれらの問題に関しては、2004年に、「難民又は他の国際的な保護を必要とする者としての第三国国民又は無国籍者の資格及び地位並びに与えられる保護の内容の最低基準に関する理事会指令2004/83/EC」[101]（「資格指令」）が採択された。当指令の主な特徴は以下のとおりである。

第一に、指令の表題が示すように、難民とそれ以外の補完的な保護を必要とする人を合わせて「国際的な保護を必要とする人」としてとらえ、両者に関する共通の審査手続き及び権利保障の枠組みを作っていること。第二に、本指令の規定に従って難民の資格又は補完的な保護の資格を持つ者に対して、構成国は、それぞれの地位を与える(shall grant)と規定している(第13条、第18条)、すなわち、国際的な取り決めによって、一定の要件に基づいた難民等の地位を与えることを構成国の義務としていること、第三に、難民に関しては、これまで各国での考え方に相違のあった問題に関して、一定の基準を設けたこと。そして、第四に、補完的保護に関しては、これまで、難民とは異なり国際的な基準がなく、各国で相当な違いがあったが、初めて国際的な基準を設けたこと、である。

上記T.I.対UK事件でも問題となった迫害等の行為者に関しては、難民及び補完的保護に共通して、(a)国家、(b)国家又は国家領域の相当な部分を支配して

いる政党又は組織、(c)その両者が迫害及び重大な危害からの保護を与えることができない、又は与えようとしないことが示されうるなら、非国家主体の場合もふくまれることが明確にされた(第6条)。マーストリヒト条約の下で作られた1996年の「共通の立場96/196/JHA」が、迫害を「一般的に、国際法における地位を問わず、国家機関(中央の国家機関、連邦の国家機関、地域的及び地方の当局)又は国家を支配している政党若しくは組織による行為」[102]と当局だけに限定していたのに比べると大きく変化している。保護を与える主体に関しての規定もあり、それらは、(a)国家、(b)国家又は国家領域の相当な部分を支配している政党若しくは組織とされ(第7条1項)、一般的にそれらが個人が迫害又は重大な危害を受けることに対して合理的な措置を取るときに、保護が与えられると考える(同条2項前段)。

難民の定義は、難民条約と同様の文言が用いられているが(第2条(c))、迫害行為及び迫害の理由に関してやや詳細な規定が設けられている。すなわち、迫害行為とは、(a)基本的な人権、とりわけ欧州人権条約の第15条2項が規定する義務からの離脱が許されない権利に対する重大な侵害をなすものとして、その性質又は反復によって十分に重大であること、(b)(a)において述べられたのと同様なやり方で個人に影響を与えるのに十分に重大な人権侵害を含んだ、様々な措置の累積であること(第9条1項)であるとして、6つの例示規定が示されている(同2項)[103]。迫害の理由に関しては、考慮されなければならない理由として、5つの事由それぞれに、やや詳細な説明が加えられている[104]。

一方、「補完的な保護を受けることができる人」とは、「難民の資格をもたないが、当該人物が彼若しくは彼女の出身国に戻ったら、又は無国籍の場合は以前の常居所に戻ったら、第15条に定められる重大な危害をこうむる現実的な危険性に直面するであろうという実質的な理由が示される人であり、第17条1項及び2項が当てはまらない」又は「そのような危険性のために出身国の保護を受けることを望まない」第三国国民又は無国籍者と定義され(第2条(e))、第15条では「重大な危害」を、(a)死刑又は死刑の執行、(b)出身国における申請者への拷問又は非人道的な若しくは品位を傷つける取り扱い若しくは刑罰、(c)国際的又は国内的な武力紛争の状況における非差別的な理由による文民の生活又は身体への重大かつ個人的な脅威、と規定している。

与えられる保護の内容は、難民及び補完的保護を受けることができる人の両者に共通のものと異なるものがある。共通のものとしては、次のようなものがある。すなわち、ノン・ルフールマン原則の尊重(第21条)、その地位に関する権利義務についての情報へのアクセスの提供(第22条)、家族の一体性の維持の確保(第23条)、国民と同様の条件の下での未成年のための教育制度への完全なアクセスの付与(第27条)、保護者に随伴されない未成年に関する特別の規定(第30条)、合法的に居住している第三国国民と同様な条件での宿泊施設へのアクセス(第31条)、合法的に居住している第三国国民と同様な条件及び制限の下での領域内での移動の自由(第32条)、送還を希望する者への援助(第34条)がある。難民と補完的保護を受けることができる人との間で保護の内容が異なりうるものは、居住許可(第24条1項)、領土外への旅行のための文書(第25条)、社会的扶助(第28条)、ヘルスケア(第29条)、統合プログラムへのアクセスである(第33条)。
　この指令も、ダブリン規則と同様、ハーグ・プログラムによって第二段階に進むことが求められ、現在改正作業の途中である。2009年に出された委員会の改正提案とその説明書き[105]によれば、次のようなものが改正の対象として提案されている。
　第一に、保護の主体についてである。現在、構成国による解釈の幅があり、たとえば、一定の部族などを、それが国家と同様の保護能力がないにもかかわらず、潜在的な保護主体とみなしたり、NGOを、それが一時的な避難しか提供できないにもかかわらず、女性性器切除や名誉殺人の危険にさらされている女性に対する保護主体として十分なものと見なしたりする構成国がある。また、保護主体には実際に保護をする意思があり、かつ保護をする能力があることが必要であり、しかも、それは一時的な保護では不十分である。そのため、保護主体は第7条の(a)及び(b)に限られること、保護は「効果的かつ恒久的な」ものであること、これらを明確にするための改正が提案されている。第二には国内的保護に関する規定についてであり、2007年1月11日の欧州人権裁判所の判決[106]に沿って、申請者が国内的保護をうけるために、その地域に移動し、その地域に入る許可を得、またそこに定住することができるという条件が満たされないといけないことなどを明記する。第三に、迫害が非政府機関によって行われる場合、その迫害自体はジュネーブ難民条約に列挙されている理由によるも

のではない場合もあるが、それに対して国家が保護を与えない理由が同条約の理由に関連しているときは保護の対象となるのであって、そのような保護の不存在と迫害の理由の関連性を明記する。第四に、ジェンダーに関する要素を十分に配慮するべきことをより明確にする。第五に、難民及び補完的保護を与えられる地位の停止に関する条文に、以前の迫害から生じるやむを得ない事情がある場合に、保護を継続させる可能性を加える。第六に、難民と補完的保護を与えられる地位の接近である。指令を制定した時は、補完的保護は一時的なものという前提で難民より低い権利保障が与えられたのであるが、そうではないことが実行において明らかになってきた。UNHCRやNGOは両者に統一した地位を与えるべきという主張をし、構成国にはその区別を保ったまま両者の接近を図るべきという合意がある中、委員会は後者の道を選択した。第七に、保護の内容としては、次のようなことを提案した。認定手続きにおいて文書による証拠提出が困難な場合の代替手続きの措置や構成国による財政的な援助、職業訓練又は雇用へのアクセスの保障、特別の必要性を考慮した統合プログラムへのアクセスの保障、宿泊施設へのアクセスへの差別の禁止、労働市場の状況による非熟練労働の解放を制限する規定の削除、である。

　なお、この資格指令の成立により、他の庇護に関する措置も難民のみではなく補完的な保護を受けることができる人についても対処をしなければならなくなり、すでに言及した委員会の提出したダブリン規則の改正提案においてもこの点は大きな改正点の1つである。


## 2　公正で効率的な庇護手続きのための共通の基準→「手続き指令」

　庇護手続きに関する共通基準の問題は、マーストリヒト条約以前の政府間協議の下でもいくつかの成果が生まれていたが、タンペレにおいて与えられた使命の下で現在作られた枠組みは、それまでの個々の合意を総合し、庇護申請手続きに関して1つの枠組みを呈示するものである。制定に最も時間を要したのがこの指令で、委員会は、この問題に関して、1999年3月に研究を始め翌年に指令提案[107]を提出したが、同提案は、議会で修正を加えて承認される一方で、2001年12月のラーケン欧州理事会では委員会に提案を出しなおさせるという決定がなされた[108]。その後、委員会は、議会の修正案及び欧州理事会の結論を取

り入れて、2002年に修正提案[109]を提出した。そして、2005年12月1日にようやく「難民の地位の付与及び撤回のための構成国における手続きの最低基準に関する理事会指令2005/85/EC」[110]（「手続き指令」）が採択された[111]。

　全体の構造は、第1章「一般規定」、第2章「基本的な原則及び保障」、第3章「第一段階の手続き」、第4章「難民の地位の撤回手続き」第5章「上訴手続き」、第6章「一般及び最終規定」となっている。同指令の1つの柱は第2章が規定する手続きにおける申請者の待遇の保障である。具体的には、申請手続きへのアクセス（第6条）、第一段階での審査が終了するときまでの滞在の権利（第7条）、可能な限り迅速に申請が行なわれなかったというだけの理由で審査が拒否されたり排除されたりすることはないこと（第8条1項）、適正な審査（第8条2項）、決定に関する規則（第9条）と続き、申請者に与えられる保障として、情報、通訳、UNHCRなどとの通信、決定の通知などに関する規定（第10条）、申請者が当局に協力する義務（第11条）、インタヴュー（第12条、第13条、第14条）、法的援助及び代理（第15条、第16条）、保護者に随伴されない未成年（第17条）等に関しての規定が設けられている。さらに、拘禁（第18条）、申請の取り下げ（第19条）、申請の黙示の取り下げ又は放棄（第20条）、UNHCRの役割（第21条）、個別事例に関する情報の収集（第22条）という規定が並ぶ。

　同指令のもう1つの柱が、審査手続きに関する規定であるがこれは大変ややこしいものである。第3章は5つのセクションから成り、第1セクションが通常の手続き（第23条）（指令には「通常の」と書いてあるわけではなく、「審査手続き」と書いてあるだけであるが、ここでは他の手続きと区別するために「通常の手続き」と呼ぶことにする）と特別の手続きについて（第24条）である。通常の手続きとは第2章の原則・保障が適用する手続きのことで、その範囲で「優先的な手続き又は迅速な手続き」をとることが認められるが、それは、申請に十分な根拠があるか、又は申請者に特別な必要性がある場合、それに加えて第23条4項に列挙される15個の事例で、それらは、(a)難民審査とは関係のない申請の場合、(b)明らかに難民の資格がない場合、(c)庇護申請には根拠がないと考えられる場合（安全な出身国からの申請者、安全な第三国をもつ申請者）、(d)虚偽の情報などで当局を誤らせた場合、(e)他人のデータを使い別の申請を提出した場合、(f)自分自身を証明する情報を提出しなかったり破壊したりした場合、(g)迫害の対象であったこ

とに関して常に矛盾しありそうもなく不十分な発言をした場合、(h)新たな要素を含まない申請を再度行った場合、(i)合理的な理由なく申請が遅延した場合、(j)退去の決定の執行を遅らせるためだけに申請を行った場合、(k)申請者が協力しなかった場合、(l)申請者がその構成国の領域に違法に入国、又は違法に残留し、可及的速やかに当局に現れなかったとき、(m)国家の安全又は公序に対する危険である場合、(n)指紋押捺義務に従わないとき、(o)未婚の未成年でその親の申請が却下された場合、である。

「特別な手続き」は第2章に規定された基本原則と保障が適用しなくてもいい場合であり、それは、第4セクションで規定される後続の申請のための予備的な審査、第5セクションで規定される国境における手続き、第6セクションで規定される欧州の安全な第三国の枠組みで考察される手続きである。

第2セクションが「受理できない申請」についての規定であり、第25条1項が、ダブリン規則によって審査されない場合のほか、構成国は本条によると受理できない場合、構成国はその申請を審査をすることを要求されないと規定し、第2項でその事例が列挙されている。それらは、(a)他国が難民の地位を与えた場合、(b)構成国ではない国が第26条に従って申請者にとって第一次庇護国であると考えられる場合、(c)構成国ではない国が第27条に従って申請者にとっての安全な第三国と考えられる場合、(d)申請者が何らかの理由によりその構成国で難民の地位をもつ人に与えられる権利及び利益と同様の権利及び利益が保障される地位を与えられた結果、その構成国にとどまることが許されている場合、(e)地位の決定手続きの結果が出るまでルフールマンから保護される何らかの理由によりその構成国の領土に申請者がとどまることが許されている場合、(f)申請者が最終の決定の後で同一の申請を出した場合、(g)庇護申請者の被扶養者が申請を行い、その被扶養者の状況に関して別個の申請を正当化する事実がない場合、である。その後に続く条項は、第25条に規定されている概念の説明である。まず、ある国が特定の申請者にとって第一次庇護国と見なされるためには、(a)その国でその者が難民として認められその保護をまだ受けられる、あるいは、(b)ノン・ルフールマン原則の利益を含めて十分な保護を得られ、その国へ再入国できる、以上のいずれかが必要である（第26条）。同様に、安全な第三国の概念の適用のためには、その国では、(a)生命及び自由が、人種、宗教、

国籍、特定の社会的集団の構成員の地位又は政治的意見によって脅かされていないこと、(b)難民条約に従ってノン・ルフールマン原則が尊重されていること、(c)国際法に規定されている拷問及び残虐な、非人道的な又は品位を傷つける取り扱いの禁止に違反するような追放が禁止されていること、(d)難民の地位を要求できる可能性が存在し、認められたら保護を受けられること、が必要である(第27条1項)。

　第3セクションは根拠のない申請(第28条)、安全な出身国とみなされる第三国の最低限の共通リスト(第29条)、安全な出身国としての第三国の国家による指名(第30条)、安全な出身国の概念(第31条)からなる。前述の第23条4条(b)と第23条4条(a)(c)ないし(o)が適応する状況で根拠がない庇護申請の場合は、構成国は国内法によって、申請を「明らかに根拠のない申請」と考えることができる(第28条)。ある国が特定の申請者にとって安全な出身国であると考えられるためには、(a)申請者がその国の国籍をもつか、あるいは、(b)申請者は無国籍で以前その国に常居していたこと、のいずれかが必要で、その国がその申請者の特定の状況において安全な出身国ではないと考える重大な理由を申請者が提出していないことが必要である(第31条1項)。

　第4セクションが、後続の申請(第32条)、欠席(第33条)、手続き的な規則(第34条)、第5セクションが国境における手続き(第35条)、第6セクションが欧州の安全な第三国の概念である。「欧州の安全な第三国」とは、(a)いかなる地理的な制限もなしに難民条約を批准かつ遵守し、(b)法定の庇護手続きを持ち、(c)欧州人権条約を批准し、効果的な救済に関する水準も含めてその規定を順守し、(d)理事会によって共通リストの中に指名された国、であって、庇護申請者がそのような国から違法に構成国に入国しようとしている、又は入国したと当局が立証した場合、庇護申請の審査、又はその申請者の特定の状況における彼又は彼女の安全性の審査は行わない、又は完全には行わないということを構成国は規定してもよい。以上が指令の構成であるが、とても簡単に理解できるものではなく、問題点も多く、今日まで多くの批判の的となっている[112]。

　ここにでてくる「安全な第三国」という文言であるが、これはもともと、難民条約の第31条1項からきており、同条項が、生命や自由が脅かされる領域から直接に来た外国人に対して締約国は違法な入国であっても刑罰を科してはなら

ないと定めることから、生命や自由が脅かされる国、すなわち安全な第三国を経由して来た者とそうでない者の区別を難民条約が認めているという前提が成り立つという考え方に由来している。しかし、庇護申請者を安全な第三国へ送り返すという慣行は欧州の発明であり、それが世界中に広まっていったといわれているものである[113]。たとえば、ドイツは、1987年の庇護法の改正により、ドイツ領域に入る前に政治的な迫害の差し迫っていない第三国に3カ月以上滞在していた外国人は政治的な保護を既に第三国で見出していると推定し、ドイツでの庇護申請適格を有しないという規定をおいていた[114]。このような「安全な第三国」の概念の使い方が欧州レベルで用いられるようになったのは、第1章で見たように、1992年のことで、構成国間の移民担当大臣の合意文書の中で、各国が庇護審査のための迅速な手続きを適用してもよい「明白に根拠のない庇護申請」に当たるものとしてとして、「受け入れ第三国」(host third country) と「一般的に重大な迫害のおそれのない国 (country in which there is generally no serious risk of persecution)」という2つのカテゴリーから来た人たちからの庇護申請を定義した。上記の「手続き指令」は、基本的にはそれを発展させ、格段に精密化したものである。「根拠のない申請」のカテゴリーは15にも増え、それ以外にも「受理不可能」として審査を求められないものとして、ダブリン規則の適用の場合も含めて8つのカテゴリーを挙げており、以前の「受け入れ第三国」の1つとして説明されていた「安全な第三国」はどちらにも登場する。それに、いわゆるスーパー安全な第三国、つまり「欧州の安全な第三国」という概念をあらたに加えて、そこからの違法な入国の場合は審査をまったく行わない可能性も規定した。ちなみに、第29条1項及び2項の安全な第三国のリストを理事会が採択できるとする規定、第36条3項の欧州の安全な第三国のリストを理事会が採択できるとする規定は、議会がその手続きの正当性を争い、2008年の欧州司法裁判所の判決で無効とされている[115]。

　ダブリン規則との関係で1つ留意すべきは、ダブリン規則により他国で審査される人が受理不可能のカテゴリーに入れられているが、それは現在の状況を照らしてみると問題をはらんでいるということである[116]。整合性を保つためには、先に検討したように、一定の場合における裁量条項の適用を義務的としなければならないだろうが、裁量条項のそのような適用が保障されない現状で、

この点は次に見るように改正の対象となっている。

　現在の改正の方向は、委員会が2009年に出した提案では、次のような点があがっている。第一に「国際的保護の申請は、はじめに申請者が難民の資格があるかどうかを決定するために審査される。もしも、そうでなければ、申請者は補完的な保護を受けられるかどうかの決定のために審査される。」という規定を設け、2つの手続きを一体化したものにしようとしている。2004年の委員会通知で提案され、2008年の欧州移民・庇護協定などでも課題とされた「単一手続き」の実現である。また、ダブリン規則との関係で、ダブリン規則によって移送された人にも本規則が適用すること、及び黙示的な申請の取り下げは責任を負う構成国での審査の再開の障害となってはならないことを明示しようとしている。第二に、手続きへのアクセスについての改善で、指令の適用範囲に領水を含めた事や国境での申請手続きを可能とするための保障などがある。第三に、第一段階の審査における手続き的な保障の強化であり、迅速な手続きにおけるインタヴューの省略を不可能とすること、無料の法的援助や医療・法律報告書など立場の弱い申請者に対する特別の保障などを盛り込んでいる。第四に、手続き的な概念と方策についての改善で、安全な第三国、迅速な手続き、明らかに根拠のない申請、後続の申請の概念、安全な出身国の概念を含めた不受理の理由が主なものである。これらをより一貫性をもち簡潔なものにするための改正であるが、この部分が最も多くの改正が提案されているところであり、主として次のようなものがある。不受理の決定に関しては、その決定の前に不受理の理由の適用に対して申請者の見解を表すことができるようにすること、欧州の安全な第三国の概念を削除したこと、明らかに根拠のない申請について迅速な審査を行うことができる理由に関して限定的で排他的なリストを規定すること、濫用又は不正の請求の処理に関する手続きの統合性を確保すること、専門家の助言や訓練などによる決定手続きの質の向上とそれによる濫用又は不正の迅速な確定を行うこと、第一段階の審査に原則6カ月という時間制限を導入すること、安全な出身国の概念の再考などである。

　第五に、効果的な救済へのアクセスを容易にするための改正が試みられている。それらは、第一段階の決定に対しては裁判所又は法廷による完全な再審査が保障されること、効果的な救済の概念は事実と方法の再審査を要求すること、

「武器の平等」、上訴が行われた場合原則的に第一段階の決定は自動的に停止効力を与えられること、などである。

### 3 庇護申請者の受け入れの共通の最低条件→「受け入れ指令」

この問題に関しては、1995年に政府間協力の体制の下で、「申請者受け入れ条件に関するジョイント・アクション提案」が出されていたが、採択されなかった。タンペレ理事会の後、委員会はこの問題に取り組み始め、2001年4月に「構成国における庇護申請者の受け入れに関する最低基準を規定する理事会指令提案」[117]を提出し、同提案は2003年に理事会指令2003/9/EC[118]（「受け入れ指令」）として成立した。

第1章は目的、用語の定義、範囲を示す一般的な規定であり、第2章が、受け入れ条件に関する一般的な規定で、申請後与えられる情報、地位の証明のための証書の発行、居住と移動の自由、健康診断、家族の一体性の保持、未成年の子どもの教育システムへのアクセス、雇用や職業訓練、ヘルスケア・住居・食糧・手当て等の物質的な援助の受け入れ条件、等が規定されている。第3章は、第2章が規定する受け入れ条件の水準を下げたり撤回したりできる場合に関する規定、第4章が未成年や拷問の被害者など受け入れ条件やヘルスケアに特別のニーズをもつ人々についての規定、第5章が上訴に関する規定、第6章が委員会へのデータの提出など受け入れ制度の効率性の向上のために構成国に求められる措置についての規定である。

委員会は改正提案を2008年12月に提出し、現在改正作業の途中であるが、委員会が改正しようとしているのは、①難民以外の補完的保護の申請者にも指令の人的範囲を拡大すること、②労働市場へのアクセス（特に申請から6カ月以内でのアクセスの保障）、③物理的な受け入れ条件の改善（住居に関して性を考慮するなど）、④拘禁が認められる例外的な事情の列挙と人道的で尊厳をもった拘禁中の取り扱いの要求、⑤種々の場面での特別のニーズをもつ人々に関する条件の改善（拘禁条件、未成年のための教育準備クラスの提供など）、⑥指令の実施のための国内制度の改善、という点である[119]。

## 第7節　小　括

　ダブリン・システムは、ダブリン条約の時代も合算するとすでに10年以上の実施の歴史をもち、この間に多くの問題点が指摘されてきた。ここで取り上げた主要な争点を見ただけでも、改善の方向へと向かっている問題もあれば、手をつけられないままにされている問題もある。

　改善の方向へ向かっていると考えられる問題としては、第一に申請者の権利の保障が挙げられる。そもそも、ダブリン規則には審査手続きにおける申請者の権利保障や家族の一体性の保持という視点からの配慮が十分に用意されていなかったが、EUの中の他の枠組みですでに確立されている権利はダブリン・システムにおいても導入される動きがみられ、さらには、ダブリン規則にはじめから備わっている裁量条項を適切に用いることによってもこの問題に対処しようという傾向が見られる。庇護申請を審査してもらう権利という核心的な権利が現状では十分に保障されていないということはシステムのもつ重大な欠陥であるが、その欠陥を治癒することの重要性も強く認識されているからこそ、次に述べる第二の点の改善が進んでいるといえるだろう。

　その第二の点とは、特定の国に対する過重負担の問題である。外囲国境国への負担は当初から予想されていた問題であるにもかかわらず、委員会は2007年の報告書においても大変楽観的な評価をしていたが、UNHCRやNGOにより委員会の楽観的な見方は否定された。そして、負担にあえぐ外囲国境国の代表であるギリシャで他国から送還された申請者の申請が適切に審査されていないという事態から、ダブリン・システムの有効性自体が問題視されるようになり、過剰負担国への支援体制を整えることがシステムの継続のためには必要なこととなった。ただし、支援は財政的・技術的なものに重点が置かれ、実際の人の受け入れの負担をできるだけ伴わない方法が好まれており、そのことはかつての大量の避難民の一時的保護における「連帯」の問題でもすでに表れていた傾向である。

　このことは、逆に、現行の審査国決定の基準が必ずしも適切でないと指摘されながらも改善の動きにはつながっていかないことと同様の背景があると思われる。現行の基準に対する批判の主なものは2つであり、1つは庇護申請者の受

け入れ社会への統合という点から考えると、庇護申請者が自ら選んだ国で審査されかつ受け入れられることが最もよいという考え方からの批判である。現行の基準には申請者の使用言語や出身国の人々により形成されている既存のコミュニティーの存在などが考慮されていないという意見もこの点につながるものである。そして、もう1つは、非正規にEU領域内へ申請者を入国させた国という基準を設けることは、ダブリン・システムの目的とは無関係であるという点からの批判である。この基準により、外囲国境国には過剰な負担がかかってしまっているのであるが、そもそもダブリン・システムの目的達成のために必要な規準ではないし、庇護申請者にとっても意味のない基準なので、少なくともこの基準だけを廃止することも可能である。

　しかしながら、それを行わないというのがEUとしての政治的な決断である。筆者が2009年にECREを訪ねたときに、そのスタッフはちょうど前日ドイツのEU担当の大使と会ったところだといい、そのドイツ大使は、ダブリン・システムは問題も多く、それに対する対策はしっかりと進めなければならないが、システム自体を止めるべきではない、と語っていたと教えてくれた[120]。第1章で見たように、ドイツは近年急激に庇護申請者の数が減っているいわばダブリン・システムの受益国である。豊かな大国であることに加えEUの東方拡大前はEUの東の端の国であったという地理的な条件によって、旧ユーゴをはじめ多くの東からの避難民を受け入れていた。EUの東方拡大時にも新規加盟国からの多くの労働者がやってくることを恐れて[121]おり、自国に向かう人の流れに対しては非常に敏感である。そのドイツは財政力があり、例えば、現在金融危機で苦しんでいるギリシャに対してEUは3年間で総額1200ユーロ（約15億円）の融資を決定したが、その支援金へ構成国の中で最大の拠出をしている[122]。ダブリン・システムはドイツのような国が強い財政力及び政治力を背景に実際の人の受け入れ負担を他国にシフトさせる道具として維持されているという見方もできるであろう。Ausが紹介したダブリン規則採択時の欧州理事会での攻防の様子からもわかるように、負担がかかる国が反対の声を必ずしも最後まで貫き通せるわけでもないようである。

　ダブリン・システムは当初UNHCRによって、地域的に接近し庇護手続きが類似している国家間での試みととらえられていたが、システムの運用が始まる

と実際は庇護手続きの類似よりも相違の大きさの方が目立つようになった。そして、ダブリン・システムの最大の問題点は庇護法の調和化が十分に進んでいない現状において、恣意的な1カ国を指定して審査を受けさせることであるという考え方が一般的になってくると、EUは庇護法の調和化への努力に益々力を注ぐようになってくる。1997年に採択されたアムステルダム条約で要請されたのは、庇護申請者の受け入れ、難民としての資格及び難民の地位の認定の手続きに関する「最低」基準の作成であったが、1999年に開催されたタンペレ理事会では、それらに加えて「共通庇護手続き及び庇護を付与された人のための連合全域で有効な均一の地位」を確立することを長期的な目標として掲げることになり、それは、リスボン条約でいよいよ達成目標となった。EU全域で共通の庇護手続き及び均一な保護の地位を確定することさえできれば、多くの問題は解決するように思われているようであるが、果たしてそうであろうか？　ダブリン・システムが、単なる審査責任国の決定のシステムではなく、その後の難民等の受け入れ国の決定のシステムでもあることから考えれば、手続きや与えられる地位がまったく均一であっても、その後暮らしていく社会には違いがある以上、申請者自らが選択した国というもの以外の基準には常に異議が唱えられるだろう。その批判を封じる別の手段が、ダブリン・システムを完全に審査責任国決定のためだけのシステムにして、庇護申請者が審査によって難民の地位を得たらどの構成国においても難民として居住することを可能とするという方向への転換であるが、それでは、一定の国々にとってはこのようなシステムをつくった意味がなくなってしまう。一定条件の下での他の構成国への移動の自由―すでに長期居住者である第三国国民に対して保障されている権利―以上のものが難民等に保障される見込みは大きくはないだろう。

　このように、改善が進んでもすべての問題が解決される到着点に達することはあまり想定できないが、人権保障には無関心ではいられないEUは、この仕組みによって人々の人権が侵害されているという批判には常に反応していくであろう。そして、このシステム自体を存続させるためにもさらなる改善を重ねていくことになるのだと思われる。

【注】
1 UNHCR, Position on Conventions Recently Concluded in Europe (Dublin and Shengen Convention), 16 August 1991, European Series 2, p.385. <http://www.unhcr.org/cgi-bin/texis/vtx/refworld/rwmain?docid=3ae6b31b83>
2 UNHCR, EXCOM Conclusion, 'Refugee without asylum country', No,15(XXX)-1979, 16 October 1979.
3 UNHCR, Implementation of the Dublin Convention: Some UNHCR Observations, May 1998, p.1.
4 UNHCR, Revising the Dublin Convention: Some reflection by UNHCR in response to the Commission staff working paper, January 2001, p.1.
5 Commission Staff working Paper 'Revising the Dublin Convention: developing Community legislation for determining which Member State is responsible for considering an application for asylum submitted in one of the Member States, SEC (2000) 522, para.13.
6 Ibid., para.16.
7 Directorate-General Internal Policies: Policy Department C: Citizens Rights and Constitution Affaires, 'Reflection note on the Evaluation of the Dublin System and on the Dublin III Proposal, March 2009, pp.2-3. 本文書は議会がオデッセウス・ネットワークに委託した研究の成果文書であり、議会の公式な立場を反映するものではなく、同文書の著者（Dr Francesco MaianiとDr Vigdis Vevstad）に文責があると断りがしてある。また、同ネットワークのコーディネーターであるFillip Du Bruycker教授からも、上記文書は同ネットワークの見解であるとうかがった。
8 SEC (2007) 742, pp.28-30.
9 European Parliament, Report on the evaluation of the Dublin system, Committee on Civil Liberties, Justice and Home Affairs, A6-0287/2008, p.11.
10 SEC (2007) 742, p.30.
11 Commission staff working document accompanying the Proposal for a regulation of the European Parliament and of the Council establishing the criteria and mechanisms for determining the Member State responsible for examining an application for international protection lodged in one of the Member States by a third-country national or a stateless person (recast) Impact Assessment, SEC (2008) 2962, pp.28-29, 37-39.
12 ECRE, Sharing Responsibility for Refugee Protection in Europe: Dublin Reconsidered, March 2008, p.4.
13 SEC (2008) 2962, p.39.
14 ここでのギリシャの情報は、UNHCR, 'The return to Greece of asylum-seekers with "interrupted" claims, July 2007及びUNHCR, UNHCR Position on the Return of Asylum-seekers to Greece under the "Dublin Regulatin", 15 April 2008による。ギリシャに関する詳細なレポートは次のものを参照。Amnesty International, 'The Dublin II Trap: Transfers of Asylum-seekers to Greece', March 2010.
15 ノルウェーのイミグレーション・アピール・ボードは2008年2月7日に決定を行った。Amnesty International, 'No Place for an Asylum-seeker in Greece', 28 February 2008. <http://www.amnesty.org.au/news/comments/9711/> フィンランドは2008年4月18日に移民大臣が移送停止をアナウンスした。EUobserver, 'Finland halts migrant transfer to Greece after UN criticism', 21.04.2008. <http://euobserver.com/9/26016?print=1> また、ドイツは家族の統合の場合を除いて、すべての保護者に随伴されない未成年の移送を停止した。UNHCR, 2008, p.7, note 14.
16 ECRE, 2008 Report, pp.14-15.

17 Andrew Nicol, 'From Dublin Convention to Dublin Regulation', Annelise Baldaccini, Elspeth Guild and Helen Toner, *Whose Freedom, Security and Justice?: EU Immigration and Asylum Law and Policy*, Hart Publishing, Oxford and Portland, Oregon, 2007, p.276.
18 Hemme Battjes, 'A Balance Balance between Fairness and and Efficiency? The Directive on International Protection and the Dublin Regulation', *European Journal of Migration and Law*, 2002, pp.186-192.
19 Anna Triandafyllidou, 'Greek Immigration Policy at the Turn of the 21st Century. Lack of Political Will or Purposeful Misunderstanding?', *European Journal of Migration and Law* 11, 2009, p.175.
20 ⅰ)庇護を求める者の配偶者、又は関係する構成国の立法若しくは慣行が外国人に関する法の下で未婚のカップルを既婚のカップルと同様に扱っている場合は安定した関係にある彼若しくは彼女の未婚のパートナー、(ⅱ) (ⅰ)に言及されたカップル又は申請者の未成年の子どもで未婚で扶養されている者(婚姻内で生まれたか婚姻外で生まれたかにかかわらない。国内法の下で定義された養子も含む)、(ⅲ)申請者又は難民が未成年で未婚である場合は父、母又は後見人
21 Commission Staff Working Paper 'Evaluation of the Dublin Convention', SEC(2001)756, p.14.
22 Decision No1/2000 of 31 October 2000 of the Committee set up by Article 18 of the Dublin Convention concerning the transfer of responsibility for family members in accordance with Article 9 of that Convention, OJL281 of 7 November 2000, p.1
23 Agnès Hurwits, 'The 1990 Dublin Convention: A Comprehensive Assessment', *International Journal of Refugee Law* Vol.11 No.4, pp.659-667.
24 UNHCR, 'The Dublin II Regulation: A UNHCR Discussion Paper', 2006, pp.30-35.
25 Ibid., p.29.
26 Council Directive 2003/86/EC of 22 September 2003 on the right to family reunification, OJL251/12-18.
27 すなわち、国内法が認めている場合の真正で安定した未婚のカップル、他の家族の支援がない近親の親族をふくめた被扶養者、自活できない成人の子ども、に拡大するよう修正されるべきと主張する。
28 ECRE, 2008 Report, pp.19-21.
29 UNHCR, Detention of Refugee and Asylum-Seekers, No.44(XXXVII)- 1986.
30 UNHCR's Guidelines on Applicable Criteria and Standards relating to the Detention of Asylum-Seekers, February 1999.
31 UNHCR, 2006 Discussion Paper, pp.52-54.
32 ECRE, 2008 Report, pp.18-19.
33 SEC(2007)742, p.30.
34 Proposal for a regulation of the European Parliament and of the Council establishing the criteria and mechanisms for determining the Member State responsible for examining an application for international protection lodged in one of the Member States by a third-country national or a stateless person(Recast), COM(2008)820final, pp.47-48.
35 European Parliament, Report on the proposal for a regulation of the European Parliament and of the Council establishing the criteria and mechanisms for determining the Member State responsible for examining an application for international protection lodged in one of the Member State by a third-country national or a stateless person(recast), A6-0284/2009, Amendment 29, p.19.
36 UNHCR, 2006 Discussion Paper, pp.18-20.

37　COM(2008)820final, pp.46-47.
38　European Parliament, A6-0284/2009, Amendment 27, p.18.
39　基本権保護の歴史については、庄司克宏「欧州人権条約をめぐるEC裁判所の『ガイドライン』方式―EC委員会の『加入』方式の比較―」『日本EC学会年報』第5号(1985年)、1-22頁、同「ECにおける基本権保護と欧州人権条約機構」『法学研究』(慶應義塾大学)第60号6号(1987年)、42-70頁、同「第7章　欧州共同体における基本権の保護―『人権共同宣言』の採択と意義」石川明編著『EC統合の法的側面』(成文堂、1993年)、201-229頁等参照。なお、リスボン条約による改定では、EU自体が欧州人権条約に加入することが定められ(第6条2項)、また、欧州人権条約第14議定書でもEUが同条約に加入できることが明記された(第17条)。山本直「リスボン条約とEUの人権保障」鷲江義勝編著『リスボン条約による欧州統合の新展開　EUの新基本条約』56-61頁参照。
40　「同等の保護」は、1990年以降の判決で発展してきた理論であり、Bosphorus事件判決で精緻化されるにいたったものである。Bosphorus Hava Yollari Turizm v. Ireland Judgement of 30 June 2005, ApplicaationNo.45036/98、庄司克宏「欧州人権裁判所の『同等の保護』理論とEU法―Bosphorus v. Ireland事件判決の意義―」『慶應法学』第6号(2006年)285-302頁参照。
41　庄司、同上、293頁。
42　SEC(2001)756, p.18.
43　Dr. Christian Filzwieser, 'The Dublin Regulation vs the European Convention of Human Rights – A Non- Issue or a Precarious Legal Balancing Act?', Discussion Paper, Refugee Studies Center, Forced migration Online, 2006, pp.9-15. <http://repository.forcedmigration.org/show_metadata.jsp?pid=fmo:5364>
44　UNHCR執行委員会結論52(1998年)、結論71(1993年)、結論75(1994年)、結論77(1995年)、結論85(1998年)、結論103(2005年)、結論108(2008年)。
45　島田征夫『庇護権の研究』成文堂(1983年)91-93頁参照。
46　Maria-Teresa Gil-Bazo, 'Refugee Status and Subsidiary Protection under EC Law: The Qualification Directive and the Rights to Be Granted Asylum', Annelise Baldaccini, Elspth Guild and Helen Toner, *Whose Freedom, Security and Justice? EU Immigration and Asylum Law and Policy*, pp.236-237.
47　Hans Ulrich Jessurun d'Oliveira, 'Fortress Europe and Extra Communitarian Refugees: Cooperation in sealing off the External Borders', H.G.Schermers et al., *Free Movement of Persons in Europe*, The Hague, T.M.C. Asser Instituut, 1993, pp.175-177.
48　SEC(2000)522, para.23.
49　Amnesty International, 'Amnesty International comments on the Commission staff working paper Revising the Dublin Convention: developing Community legislation for determining which Member State is responsible for considering an application for asylum submitted in one of the Member States', p.2.
50　UNHCR, 'Revising the Dublin Convention: Some reflections by UNHCR response to the Commission staff working paper', January 2001, p.5.
51　SEC(2000)522, para.20.
52　Ibid., paras.55-59.
53　Andrew Nicol, op.cit., pp.266-267.
54　European Parliament, A6-0287/2008, p.13.
55　ECRE, 2008 Report, pp.25-29.
56　Directorate-General Internal policies Policy Department C Citizens Rights and Constitution Affaires,

第3章　ダブリン・システムの争点　131

'Reflection note on the Evaluation of the Dublin System and on the Dublin III Proposal, March 2009, pp.3-4.
57　SEC(2008)2962, p.10.
58　SEC(2000)522, paras.29-30.
59　Agnes Hurwits, 'The 1990 Dublin Convention: A Comprehensive Assessment', *International Journal of Refugee Law* Vol.11 No.4, p.657.
60　Jonathan P. Aus, 'Logics of Decision-making on Community Asylum Policy : A Case Study of the Evolvement of the Dublin II Regulation', Arena, Center for European Studies University of Oslo, Working Paper No.03, February, 2006, pp.16-31.
61　SEC(2007)742, p.51.
62　Ibid., p.53.
63　European Parliament, A6-0287/2008, p.12.
64　ECRE, 2008 Report, pp.13-14.
65　UNHCR, 2008 Position Paper, p.4.
66　COM(2008)0243, pp.52-54.
67　European Parliamant, A6-0284/2009, Amendment 39, pp.24-25, pp.32-33.
68　Proposal for a regulation of the European Paliament and of the Council establishing a European Asylum Support Office, COM(2009)66final.
69　Communication from the Commission to the European Parliament and the Council 'An area of freedom, security and justice serving the citizen', COM(2009)262final, p.28.
70　UNHCR, The Challenges of mixed migration, access to protection and responsibility-sharing in the EU, A UNHCR non-paper. EULO 16 June 2009. <http://www.unhcr.ie/pdf/4a44dd756.pdf>
71　Council of the European Union, Brussels, 10 July 2009, 11225/2/09 REV2 CONCL2, Brusseles European Council 18/19 June 2009, Presidency Conclusions, p.14.
72　UNHCR, Intra-EU efforts to relocate the refugees in Malta, August 28, 2009.
< http://unhcr-eu.se/intra-eu-efforts-to-relocate-the-refugees-in-malta/>
73　IOM, Press Briefing Notes, IOM Assists Refugees to Relocate from Malta, 10-07-1009, <http://www.iom.int/jahia/Jahia/media/press-briefing-notes/pbnEU/cache/offonce?entryId=25594>
74　Simon Busuttil(MEP), From burden-shifting to responsibility-sharing, NEW EUROPE, May, 02,2010. <http://www.neurope.eu/articles/100548.php>
75　UNHCR, op.cit., Intra-EU efforts to relocate the refugees in Malta, August 28, 2009.
76　UNHCR, UNHCR welcomes the planned establishment of the European Asylum Office in Malta, December 2, 2009. <http://unhcr-eu.se/unkcr-welcomes-the-planned-establishment-of-the-european-asylum-office-in-malta/>
77　European Parliament, Report on the proposal for a regulation of the European Parliament and the Council establishing a European Asylum Support Office, Committee on Civil Liberties, Justice and Home Affairs, A6-0279/2009, Amendment 13, p.13.
78　Proposal for a Council Directive on minimum standards for giving temporary protection in the event of mass influx of displaced persons and on measures promoting a balance of efforts between Member States in receiving such persons and bearing the consequences thereof, COM(2000)303final.
79　Council Directive 2001/55/EC of 20 July 2001 on minimum standards for giving temporary protection in the event of mass influx of displaced persons and on measures promoting a balance of

efforts between Member States in receiving such persons and bearing the consequences thereof, OJL212/12-23.
80  COM (2000) 303final, Explanatory Memorandum, paras. 1.2, 2.4 and 2.5
81  Ibid., paras. 6.1-6.3.
82  Presidency Conclusions Tampere European Council 15 and 16 October 1999, para.16. <http://www.consilium.europa.eu/ueDocs/cms_Data/docs/pressData/en/ec/00200-r1.en9.htm>
83  Council Decision of 28 September 2000 establishing a European Refugee Fund (2000/596/EC), OJL252/12-18 preamble (2).
84  Ibid., Art.10.
85  Council Decision of 2 December 2004 establishing the European Refugee Fund for the period 2005 to 2010 (2004/904/EC) ,OJ L381/52-62, Art.2.
86  Decision No 573/2007/EC of the European Parliament and of the Council of 23 May 2007 establishing the European Refugee Fund for the period 2008 to 2013 as part of the General programme 'Solidarity and Management of Migration Flows' and repealing Council Decision 2004/904/EC, OJL144/1-21, Art.13.
87  Proposal for a Decision of the European Parliament and of the Council of amending Decision No 573/2007/EC establishing the European Refugee Fund for the period 2008 to 2013 as part of the General programme 'Solidarity and Management of Migration Flows' and repealing Council Decision 2004/904/EC, COM (2009) 456final.
88  European Commission Directorate-General Justice and Home Affairs 'The European Refugee Fund Promotion solidarity and burden-sharing in the area of EU asylum policy', 2004.
89  Eiko R. Thielemann, 'Symbolic Politics or Effective Burden-Sharing? Redistribution, Side-payments and the European Refugee Fund', *Journal of Common Market Studies*, Volume 43 Number 4, 2005, pp.821-822. なお、Thielemannの分析によると、1985年から2000年までの年平均で人口比で考えて難民申請に対する負担の多い欧州の国は、スイス、スウェーデン、ドイツ、デンマーク、オーストリア、オランダ、ベルギー、ノルウェー、ルクセンブルグ、フランス、イギリス、アイルランド、ギリシャ、フィンランド、スペイン、イタリア、ポルトガルの順である。Eiko R. Thielemann, 'Why Asylum Policy Harmonization Undermines Refugee Burden-Sharing', *European Journal of Migration and Law* 6, 2004, p.49 and p.53.
90  SEC (2000) 522, para.24.
91  UNHCR, 'Revising the Dublin Convention: Some reflections by UNHCR response to the Commission staff working paper', January 2001, pp.5-6.
92  Amnesty International comments on the Commission staff working paper, pp.5-6.
93  A. Hurwits, op.cit., p.665.
94  European Court of Human Rights, Third Section Decision as to the Admissibility of Application no.43844/98 by T.I. against the United Kingdom, 7 March 2000.
95  UNHCR, 2008 Position Paper, p.4.
96  ECRE, 2008 Report, pp.15-16.
97  European Court of Justice, CaseC-72/06.
98  UNHCR, UNHCR Position on the Return of Asylum-seekers to Greece under the "Dublin Regulatin", 15 April 2008, para.19.
99  UNHCR, 2008 Position Paper, p.8.

100　ECRE, 2008 Report, pp.15-16.
101　Council Directive 2004/83/EC of 29 April 2004 on minimum standards for the qualification and status of third country nationals or stateless persons as refugees or as persons who otherwise need international protection and the content of the protection granted, OJL304/12-23.
102　European Union, Joint Position Defined by the Council on the basis of Article K.3 of the Treaty on European Union on the Harmonized Application of the Definition of the Term 'Refugee' in Article 1 of the Geneva Convention of 28 July 1951 Relating to the Status of Refugees (Annex 1), 4 March 1996, 96/196/JHA, OJL 63/2-7, para.5.1.
103　それらは、(a)性的暴力を含んだ身体的又は精神的な暴力行為、(b)それ自体差別的であるか又は差別的な方法で実行される法的、行政的、警察的、及び／又は司法的な措置、(c)不釣り合い又は差別的な起訴又は処罰、(d)不釣り合い又は差別的な処罰に結びついた司法的な救済の拒否、(e)兵役が第12条2項に規定される除外条項の下での犯罪又は行為を含む場合、紛争時における兵役の遂行の拒否による起訴又は処罰、(f)ジェンダー特有又は子ども特有の性質の行為、である
104　(a)人種の概念は、とりわけ皮膚の色、世系、又は特定の民族グループの構成員であることを考慮しなければならない、(b)宗教の概念は、有神論、非有神論及び無神論の信仰の保持、公的若しくは私的な儀式的礼拝への独自の若しくは他の人と共同した参加若しくは参加拒否、その他の宗教的行為若しくは見解の表明、又は宗教的な信念に基づいた若しくはそれにより要求された個人的若しくは共同の行動形態を含む、(c)国籍の概念は、市民権又はその欠如に限られず、とりわけ文化的、民族的、若しくは言語的アイデンティティ、共通の地理的若しくは政治的な出身、又は他の国家の住民との関係によって決定されるグループの構成員の地位を含む、(d)次の場合は特に、グループは特定の社会グループを構成すると考えられる。すなわち、そのグループの構成員が生まれつきの性格若しくは変えることのできない共通のバックグランドを共有している、又はアイデンティティ若しくは良心にとって非常に根本的であるため人がそれを放棄することを強要されてはならないような性格若しくは信念を共有している場合、そのグループが周囲の社会によって異なっていると認知されていることにより、関連する国において特別なアイデンティティをもっている場合、である。出身国の状況によっては、特定の社会グループは共通な性的志向をもつという性格に基づいたグループを含むことができる。性的志向は、構成国の国内法において犯罪と考えられる行為を含むと理解されてはならない。ジェンダー関連の側面は、それ自体本条の適用可能性の根拠を作り出さなくても、考慮されうる。(e)政治的な意見の概念は、とりわけ第6条で言及されている潜在的な迫害行為者及び彼らの政策又は手段に関連する事項についての意見、思想、又は信念の保持を含む。その意見、思想又は信念が申請者によって実行されているか否かは関係ない。
105　Proposal for a directive of the European Parliament and of the Council on minimum standards for the qualification and status of third country nationals or stateless persons as beneficiaries of international protection and the content of the protection granted, COM (2009) 551.
106　European Court of Human Rights, Case of Salah Sheekh v. Netherlands (Application no,1948/04), Judgment, Strasbourg, 11 January 2007. ソマリアの少数民族Ashrafグループに属する青年がオランダにおいて庇護申請を行ったが、オランダ当局はソマリアの「比較的安全な」地域への国外退去を命じたことに対して、原告はその地域へ受け入れられる可能性は低く、出身地域に返されれば再び欧州人権条約第3条違反の取り扱いを受けることから、オランダの行為は第3条違反であると争った事件。
107　Proposal for a Council Directive on minimum standards on procedures in Member States for

granting and withdrawing refugee status, COM (2000) 578 final.
108 Presicency Conclusions, European Council Meeting in Laeken 14 and 15 December 2001, SN 300/1/01 REV 1, para. 41.
109 Amended Proposal for a Council Directive on minimum standards on procedures in Member States for granting and withdrawing refugee status, COM (2002) 326 final.
110 Council Directive 2005/85/EC of 1 December 2005 on minimum standards on procedures in Member States for granting and withdrawing refugee status, OJL326/13.
111 採択までのプロセスに関しては次の論文を参照。D. Ackers, 'The Negotiations on the Asylum Procedure Directive', *European Journal of Migration and Law* 7, 2005, pp.1-33.
112 第1章で紹介した欧州共通庇護政策に関する文献のほか次のものを参照。Cathryn Costello, "The Asylum Procedure Directive and the Proliferation of Safe Country Practice: Deterrence, Deflection and the Dismantling of International Protection?" *European Journal of Migration and Law* 7, 2005.
113 Ibid., C. Costello, p.40, p.68.
114 川又伸彦「難民の受入と『安全な第三国』―ドイツ連邦行政裁判所の判例を中心に―」『武蔵丘短期大学紀要』第2号、1994年79-80頁。
115 European Court of Justice, Case C-133/06. European Court Reports 2008, I-3189.
116 Cathryn Costello, op.cit., p.55.
117 COM (2001) 181 final.
118 Council Directive 2003/9 /EC of 27 January 2003 laying down minimum standards for the reception of asylum seekers, OJL31/18-25.
119 Proposal for a directive laying down minimum standards for the reception of asylum seekers (Recast), COM (2008) 815final.
120 ECREブリュッセルオフィスでの広報部長Martin Watsons氏へのインタビュー、2009年9月21日。
121 岡部みどり「拡大EUの『人の移動』と戦略的EU出入国管理政策」『EUの東方拡大』(日本EU学会年報第24号、2004年) 147-152頁。
122 朝日新聞 2010年5月3日朝刊。

# 第4章　対外的側面

　第3章で考察したのは、EU構成国内での責任分担、負担分担、そして「連帯」の問題であった。しかし、難民問題は、もともと対外的な問題であり、EU外の国々との関係が当然に問題となる。自分たちの負担や責任を軽減しようと考えれば、他の国に対してそれらを求めていくことになる。安全な第三国との再引き取り条約の締結も、もちろんその重要な一側面であるが、ここでは、EUが非構成国との「連帯」の1つの形として語っている「地域保護プログラム」について取り上げる。はじめに、地域保護プログラムを生み出すきっかけとなった域外審査構想の議論をみた後に、地域保護プログラムについて現在ウクライナで行われている活動を紹介し、そして、一連の議論の中から派生した第三国定住の問題について考えたい。

## 第1節　域外審査構想から地域保護プログラムへ

### 1　移民の流れの管理と域外審査構想

　EUで庇護申請の域外審査という発想が生まれてくるのは、1999年に欧州共通庇護政策がEUの管轄内に加えられてすぐのことである。委員会が2000年に出した「共通庇護手続き及び庇護を付与された人のための連合全域で有効な均一の地位に向けて」という通知[1]は、本書第1章で見たように、タンペレの第二段階について語っているものであるが、それは、第一段階ではまだ選択の幅を残していた部分をさらに進めて、最終的にはすべての構成国で均一の地位や手

続きを整えることを目標としていた。ここで注目したいのは、同文書が統合された共通の審査手続きについて述べているところである。そこには、人身取引を行うギャングの餌食になることなく、又は地位の認定までに何年も待つことなしに庇護への迅速なアクセスを提供する方法として、「出身地域における庇護申請の審査」と「第三国定住」が言及されていた。委員会は、この選択肢は従来の庇護審査プロセス、つまり各国家がそれぞれ国内で行ってきた庇護申請プロセスを補完するものでなくてはならず、これらを行うことにより自国に自発的にやってきた庇護申請者からの請求の適切な取り扱いを損ねるようなことになってはならないとコメントしていた[2]。

　また難民とは別に、移民の問題においても域外の第三国との協力の必要性が認識されていた。すなわち、1999年のアムステルダム条約により移住政策に関する措置もEUの管轄内の問題として加えられたことによって、タンペレ理事会は「移民の流れの管理」もEUの共通移住・庇護政策の焦点の1つとしてあげ、そのために、出身国及び経由国と協力しながら、合法的移住の現実的な可能性についての情報提供を行うキャンペーンを促進させたり、人身取引の予防策を講じたり、第三国との再引き取り条約の締結をすすめたりすることを求めた。またその後の2002年6月にセビリヤで開催された欧州理事会では庇護と移民がテーマの1つとして議論されたが、最終的に出された議長国宣言では、法に従った移民の流れの管理の重要性、そしてそのための出身国や経由国との協力の必要性が強調された[3]。このように、庇護という側面でも移民という側面でも、それらの人の出身国や経由国との協力が課題の1つとなったのである。

　セビリヤ理事会の翌年、2003年の3月にイギリス政府は「難民のための新たなヴィジョン」[4]というタイトルの文書を発表した。第1章の表1-1からもわかるように、2002年、2003年という時期は、イギリスは他のどの国よりも多くの庇護申請を受けていた時期である。イギリスのその文書は2000年の通知で委員会が提唱した「出身地域における庇護申請の審査」と「第三国定住」の考えを展開するものであったが、そこには、それらを従来の庇護プロセスを補完するものと考えるという委員会のような慎重な態度はなかった。イギリスは、「地域的保護エリア」（regional protection area）の創設を提唱したが、それは、庇護申請者の出身地域、すなわち出身国の近隣の国に設けられる保護エリアであり、庇護を求め

て出身国を出て欧州の国にたどり着いた庇護希望者もわざわざそこに連れ戻して、そこで彼らに保護を受けられるようにするためのエリアとして想定されていた。そして、いったんそこに連れ戻された人たち、あるいは出身国から直接その保護エリアについた人たちのうち一定の割合のものは、第三国定住の形で欧州の各国に割り当てられてそこで暮らすことができるというものであった。第三国定住とは、難民を彼らがはじめに庇護を求めた国から永住の地位を付与することを認めて彼らの入国に同意した国へと移送することであるが、イギリスは第三国定住制度をこの構想の鍵となる概念として考えており、そのような保護エリアを利用したい国は、必ずそのエリアから一定の割り当ての人たちを自国へ受け入れなければならないというのであった。

この「難民のための新たなヴィジョン」を発表した3日後にイギリス政府はブリュッセルでの欧州理事会にむけて、「庇護審査及び保護への新しい国際的アプローチ」[5]と題する文書を提出し、その中で、出身地域における「地域保護エリア」とEUへ向かう途中にある第三国における「トランジット・プロセッシング・センター」の設立を提案した。先の提案よりさらにもう1つ経由国という要素を加え、第一段階は出身国から出身地域の「地域保護エリア」へ行き保護を受け、第二段階としてそこから経由国にある「トランジット・プロセッシング・センター」へ移って審査を受け、そしてそこでの審査にパスした人は第三国定住として最終目的地である欧州へ向かうという順路を確立する構想である。そのように難民の出身地域から欧州へ向かうためのより管理された第三国定住のルートを開発し難民を諸国に割り当てることによって、欧州に適切な割合の真正な難民を受け入れようということが意図されていたのであった。同文書は、このような提案を行う背景として、現在欧州諸国が難民に対して行っている金銭的支援が効率よく配分されていないこと、密入国業者を使ったEUへの不法入国、難民又は補完的な保護の基準を満たさない大多数の庇護申請者の存在、国際的な保護が必要なくなっても出身国へ戻らない者たちの存在等をあげていた。欧州理事会は、イギリスのこの文書に留意し、委員会にこの考えをさらに検討するよう依頼することにした[6]。

UNHCRも2003年6月に「三方面提案（three pronged proposal）」[7]を出し12月にはその改正版[8]を出して反応した。UNHCRの考え方は、EUを目的地としてむか

う庇護申請者の取り扱いを、3つの局面、すなわち、出身国周辺の地域レベル、目的国の国家レベル、EUレベルの3つにわけて考えようというものである。そして、経済的な動機による移民の流れに対処するために、庇護申請者の登録と事前選考を国家ではなくEUレベルでの実施へと徐々に移していくことを考えており、具体的な提案として、庇護申請者登録等の支援や出身国に関する情報提供等を支援するEU庇護庁、及び一定のカテゴリーの人々の庇護申請を扱うEUレセプション・センターを創設するという考えが示されていた。

　このように、UNHCRが即座にイギリスの提案に反応したのは、それが、21世紀に入ってからUNHCRが進めていたコンベンション・プラスの動向と無関係ではなかったからである。UNHCRは2000年、諸国政府や国際機関、NGOを集め、18カ月にわたり「難民の国際的保護に関する世界協議」(Global Consultation on Internatinoal Protection)を開催し、その成果として2002年に「難民保護への課題」という文書を発表した。この文書は、難民問題のすべての局面ではなく、多国間でのコミットメントや協力により利益を生む可能性のある問題や活動に焦点を当てて、6つの目標を打ち立てた。それらは、目標1：難民条約と議定書の実施強化、目標2：重層的な人口移動の中での難民保護、目標3：より公平な負担・責任分担と難民受け入れ・保護対応力の強化、目標4：安全上の問題へのより効果的な取り組み、目標5：恒久的解決の更なる追求、目標6：難民女性と子どもの保護の必要性への対応、である。難民出身国、経由国、目的国のそれぞれの責任や役割、多国間での協力体制についてふれられており、この時期のEUにとっても、大変かかわりの深い文書である。特に、目標2「重層的な人口移動の中での難民保護」では、庇護申請者が保護を求めて非正規な移動をしたり移動を繰り返したりすることを減少させるために、第一次庇護国での効果的な保護や国際的な連帯と負担分担の必要性が求められ、また、目標3「より公平な負担・責任分担と難民受け入れ・保護対応力の強化」では、第一次庇護国の負担を分担するための調整、難民受け入れ国の保護対応力の強化のための協力、負担の分担の道具としての第三国定住の活用などが求められている。UNHCRは実際に、2004年頃からベニン、ブルキナファソ、ケニア、タンザニアの4カ国での保護対応力強化のプロジェクト、ソマリア難民のための包括的行動計画(CPA)などの活動を始めている[9]。「難民の国際的保護に関する世界協

議」の開催やその成果文書としての「難民保護の課題」とそれに基づく行動は、難民問題の恒久的解決のためには、1951年の難民条約は難民保護の基盤であるがそれだけでは十分ではないという認識に基づいたもので、その意味でこの過程は「コンベンション・プラス」と呼ばれているものである[10]。

　話をUNHCRの「三方面提案」に戻すと、庇護申請者と移民が混合した重層的な人の流れへの対応策を考えるという点では、UNHCRの提案はイギリスと問題意識を共有していたが、UNHCRの考えるEUレセプション・センターは、EUの域外ではなくEU構成国のどこかに設けられることが想定されていたという点で両者の提案は異なる面がある。当時イギリスの新聞等の多くはイギリス提案とUNHCRのコンベンション・プラスを類似のものとみなしていたが、庇護手続きをEU内で行うのか、それともEU外で行うのかは重要な相違点であり[11]、UNHCRのその真意は、庇護申請者がEUにたどり着く前に経由国において審査を受けさせるというイギリスの考えに反対するためだったともいわれている[12]。

　委員会も2003年6月に2つの通知を出した。1つは「共通庇護政策及び難民保護への課題に関する通知」[13]であり、それは、先の2000年の通知「共通庇護政策及び連合全域を通じて有効な庇護を与えられた人の均一の地位にむけて」の実施に関する第2回目の報告書として出されたものであるが、前述したUNHCRの「難民保護への課題」を受けるものでもある。もう1つが、「よりアクセスしやすく、衡平で、管理された庇護システムに向けての通知」[14]で、「庇護手続きのよりよい管理」に関してのイギリスからの提案及びUNHCRの提案の両者を受けて、委員会の考え方を示すために作られたものである。この中で、委員会は、欧州及び出身地域における庇護関連の流れをよりよく管理するために、庇護制度の新たなアプローチを開発する必要性が明らかに存在すると結論づけている。この文書を少し詳しく見てみよう。

　委員会の考えは3つの政策目標に基づいている。1つ目は、保護を必要とする人たちが秩序を保ち、かつEUによって管理されてEU領域へ到着することを確保するということである。具体的には、第一に、EU諸国への第三国定住制度を整える、つまり、そのための基準や年間目標合計数などを定めるということである。第二に、保護を求める人に、EUの領域にたどり着く前に保護へのア

クセスを与えるために、庇護及びその他の保護の申請者の出身地域において「保護された入国手続き」を創設するということである。これによって、保護を必要とする人に、安全かつ合法的にEUへのアクセスの手段を与えることができると同時に、違法な移民が庇護申請の方法をとってEU領域内に入国することを抑止することができるというのである。また、EU域外の地域にEUの地域的タスクフォースを設立し、EUの移民及び難民に関する情報を普及させたり、その地域の当局が難民認定をするのに協力したり、「保護された入国手続き」や第三国定住に該当するケースを識別する作業等を行うことを提唱するのである[15]。

2つ目は、EU内及び出身地域との負担及び責任分担の問題である。まず、出身地域との負担分担についてであるが、これは、今まで通過するだけであった国を第一次庇護国へと変える事により、保護が必要な人に彼らにできるだけ近いところで、かつ早い段階で保護をあたえることができるようになるという。また、出身国に近いぶんだけ申請が認められなかったときの帰還も容易である。そして、そのような措置を行うためには第三国との再引き取り条約の締結が不可欠となり、EUは、それらの国の保護対応力の強化や制度の建設を含めた長期的な投資を行わなければならないし、また、それらの地域の分析やグループ分けなどをすることも必要となる。また、EU規模での第三国定住制度の設立により、受け入れ国への圧力を緩和することもできるだろう[16]。

3つ目の目標は、効率的で実施可能な庇護決定及び帰還手続きについて統合されたアプローチを発展させることである。これは、保護が必要な人を迅速かつ正確に識別した上で彼らに保護を与え、そうでないと判断された人は効率的に構成国の領土から除去するということである。このために、審査の質を高め迅速化するということが必要となり、国境での審査を行う補完的なメカニズムを例外的に設けること、第一次庇護国から来た庇護申請者に関しての手続きを再設計すること、帰還の問題に関して出身国及び第一次庇護国との間で密接な協力を行うことなどが必要となってくる[17]。

委員会のこの提案には、慎重さもそなわっており、こういった新たなアプローチを支持するための10の基本的前提がつけ加えられていた。それらは、国際法上の義務の完全な尊重、出身国・経由国・第一次庇護国・目的国の間の完全な

連携、欧州共通庇護制度に対する補完性、UNHCRの難民保護の課題及びコンベンション・プラスとの一致などである[18]。この基本的前提を掲げることで、既存の国際法との両立性をはかり、また、第三国への負担の押し付けにならないようにと配慮がされていたのである。

先のイギリスの文書は多くの批判を受けたが、それらはとりわけ、庇護申請者を第三国へ移送するという点が欧州人権裁判所のT.I.対UK事件（第3章参照）で示されたような国家の責任の問題を引き起こすであろうという問題、庇護申請者が受け入れがたい条件の下で長期間拘禁される可能性、及び第三国における「プロセッシング・センター」において効果的な保護が受けられない可能性に対する懸念などであった[19]。イギリスの案には、デンマークとオランダが同調し、特に、デンマークは2003年4月に非公式の会合を開催し、その結果としてのメモランダムも提出してイギリスの考えを発展させていたが[20]、2003年6月に行われたテッサロニキでの欧州理事会では、イギリスの提案はドイツ、スウェーデンにより否定された[21]。代わりに欧州理事会は、委員会に対して「…国際的保護を必要とする人の、より秩序を保ちかつ管理されたEUへの入国を保障するためのすべての要素を調査し、出身地域の保護対応力を強化するための方法と手段を検討する」こと、そして、出身地域での保護の提供は、「UNHCRからの勧告に基づいて、関係諸国との完全なる連携によって行われるだろう」ということを課題として示した[22]。

このように欧州理事会からの命を受けて、委員会は2004年に「国際的な保護が必要な人のEUへの管理された入国及び出身地域の保護対応力の強化に関する通知『恒久的解決へのよりよいアクセス』」[23]を発表し、その中で「EU第三国定住制度」及び「地域保護プログラム」の導入を提案した。後者はイギリスの提唱した地域保護エリアと似たネーミングではあるが、イギリス案のようにEUへの庇護希望者を出身地域に連れ戻すという発想ではない。しかし、庇護希望者がEU領域にやって来るまでのどこかで彼らを保護してもらうという考え方はイギリス案と共通しており、委員会はそのために、EUが難民の出身地域に近い地域の保護対応力を強化するために支援を行うことを提唱するのである。保護対応力の強化の他、難民登録のための制度の整備、EU規模での第三国定住制度の創設、保護をする地域のインフラ改善の援助、その地域への難民の統合

のための援助、合法的移民に関する協力、移民の管理、送還などの支援を一式の「道具箱」としてとらえ、2005年7月までにそれらをパイロット・プログラムとして、12月までに本格的なプログラムとして開始するという計画であった。ただし、委員会は、第三国定住制度によって難民の受け入れを行ったり出身地域などでの保護対応力の形成を支援したりすることなどは、欧州諸国が自国の領土内で保護を与える義務に影響を与えるものではない、と強調する。また、委員会の提案にはイギリスの考えとは異なりEU域外で庇護申請を審査するという要素もなくなっている。

　この委員会の提案は2004年の7月の司法・内務理事会においてほとんどの構成国から歓迎されたが、ドイツからは頑強に別の提案が出されることになった。ドイツの内務大臣のOtto Schilyは北アフリカに「安全な地域」又は「キャンプ」を設営し、EUへ非正規に入ってこようとする者を国際水域において途中で捕らえることを提案したが、UNHCRは再び欧州の保護する義務を外部化しようとするこの考えに反対を表明した[24]。他方、UNHCRは委員会の提案に関しては、2004年8月に好意的なコメントを寄せながらいくつか注文をつけている。すなわち、第三国定住は恒久的解決として重要な機能をもち、負担の分担を助けるものとして重要であるので、EU全体としての制度ができることは重要な貢献であること。しかし、第三国定住をさせる難民の選別が恣意的に行われたり差別があったりすることは避けなければならず、そのために、UNHCRの第三国定住ハンドブックに留意すべきこと、家族の統合も考慮されなければならないこと、地域保護プログラムも難民の保護において重要な価値をもつので利用されるべきであるが、それに加えて難民の流れを生み出す根本原因への取り組みや出身国における平和の回復及び人権状況の改善を目的とした政治プロセスを支援することも行われるべきであること、等のコメントを寄せている。

　同年の欧州理事会は、ハーグ・プログラムを発表するが、その中で、「第三国との連携による、よりアクセスしやすく衡平で効果的な国際的保護制度、また可能な限り早い段階での保護と恒久的解決の提供へ、責任分担の精神をもってEUが貢献することの必要性」[25]を認識し、出身地域及び経由諸国の保護対応力の強化を促進させることを言及した。そして、委員会の地域保護プログラムのイニシャティブを歓迎し、そのパイロット・プログラムには様々な関連措置が

含まれるだろうが、その地域の保護対応力形成に一次的に焦点があてられ、希望参加国による合同第三国定住プログラムの実施も含まれるであろうと述べた[26]。このように欧州理事会によって承認され方向性を示された委員会は、同年の委員会通知「地域的保護プログラムについて」[27]において、地域保護プログラムの目的は第三国の保護対応力の強化であるといい、含まれるプロジェクトとして、受入国における一般的な保護の状況の改善、効果的な難民の地位の決定手続きの確立、受け入れ状況の改善による難民への直接の利益付与、受け入れをしている地方の共同体への利益付与、関係者への訓練、登録、自発的に受け入れるEU諸国への第三国定住をあげ、具体的な内容の構想へと進んでいった。また、パイロット・プログラムは、難民等の経由地域としての「西部新独立諸国」（Western Newly Independent States、旧ソヴィエト連邦からの独立諸国のうちロシアの西側に位置する諸国のことで、ウクライナ、ベラルーシ、モルドヴァの三国を指す）、出身地域としてのタンザニアで始めることを明らかにし、第三国定住が地域保護プログラムの中核となる活動の1つであるという認識も表明した。2005年5月に委員会が策定したハーグ・プログラムの行動計画に関する10の優先事項の中では、地域保護プログラムは具体的で機能的な措置であり、長期的に多くの目標達成につながるものであると位置づけられた[28]。

　以上の流れをまとめてみると次のようなことである。出発点は、経済的動機をもつ移民も含めて大量の庇護申請者の流れの管理ということであった。すなわち、必ずしも難民とは認められない人たちも欧州にやってくるが、難民申請が却下されてもその人たちを出身国に返すことは容易ではなく非正規の移民として滞在し続けることが多い。それに対処するために、欧州まで来る前に出身国と同じ地域の他国で難民審査を行い、難民に該当したらそこで保護を与えるが、その中の一部の人たちは第三国定住という形で欧州に呼び寄せる。そして、難民ではないと判断された人たちは出身国に帰還させる。このような域外審査案を一部の構成国は強力に提案し、委員会はそれらの提案ほど急進的ではなかったものの、それでもやはり域外審査を一定程度構想していた。しかし、域外審査というのは統一基準がない中で実務的にも困難であるし保護の十分さという点でも決して望ましいものではない。たとえば、「軽い保護（Protection Lite）」という言葉を用いて欧州での庇護の域外化のもたらす結果を

案じるGammeltoft-Hansenは、次のような問題点を指摘している。まず、域外のプロセッシング・センターなどで認定された難民が、そこから欧州へと向かって入国する権利が保障されるかどうか、たとえば査証の発給などが保障されるのかどうかは不確かであること、次に、ある国の領域外で審査された場合、その国の領域内で審査される場合と異なり公正な裁判又は効果的な救済の権利が保障されないということ。さらには、域外で実際の保護も行う場合を考えると、保護のレベルはその国における一般的な生活水準や権利にてらして与えられるので、欧州の国で保護されるよりも当然レベルは低くなり、安上がりの権利（rights economy）ですんでしまうということである[29]。加えて、域外審査は、難民保護のEUの責任を外部の国へ押しつけるものとして多くのEU構成国にとっても決して評価の高いものではなかった。そこで、議論は、欧州まで難民等がやってくる流れを管理し、さらにはEU諸国に到着する前にどこかで保護が受けられるように、難民の出身地域の国や経由国の保護対応力を強化することと第三国定住に焦点が移っていったのである。しかし、今のところ域外審査構想は完全に消滅したわけではないことも確認しておきたい。第1章で確認したように、委員会の2009年の通知では、連合域内及び域外での庇護申請の合同審査について分析を続けることが課題の1つとして指摘され[30]、それを受けてストックホルム・プログラムではその研究を完了させることが目標として設定されている[31]。したがって、とりあえずは、地域保護プログラムと第三国定住による実験をしながら、それらによって人の流れの管理について十分な成果が得られない場合、域外審査構想が再び焦点として浮上してくる可能性は大いに残されている。

　地域保護プログラムに対しても懸念の声は寄せられた。特に、EU第三国定住制度は伝統的な庇護プロセスを置き換えて、移民の管理の道具として使われるのではないかという懸念があり[32]、第三国定住制度は従来の各国の庇護制度に対して補完的[33]あるいは付加的[34]なものであるべきで代替的なものになってはならないということを念押しする意見がだされていた。UNHCRはまた、地域保護プログラムの内容及び実行についての議論に貢献する用意があるが、EUの第三国定住制度は地域保護プログラムより拡大すべきであるという見解を表した[35]。これには、先に見たコンベンション・プラスの活動の中で

UNHCR自身が第三国定住制度を世界中に広げようとしていたときでもあったという背景があるが、UNHCRと第三国定住に関しては次節で取り上げる。

　また、EUの議論には経由国や出身地域の国の意向が取り入れられていないという点も大きな問題の1つであった。たとえば、Bettsの調査によると、庇護申請者が欧州に向かう時の経由地域の1つである北アフリカ諸国は、イタリアとドイツの内務大臣であるPisanuとOtto Schilyから、沖合いにプロセッシング・センターを作ることを示唆されたが、2004年9月のUNHCRの非公式会議において北アフリカ諸国はそのような協力を拒んだという。理由は2つあり、1つはイメージの問題で、もう1つは却下された庇護希望者はどうなるのかという懸念であった[36]。Bettsは、他にも欧州諸国とアフリカ諸国との間でのトランジット・プロセッシング・センターに関する構想は双方の対話が欠如する中で打ち立てられてきていることが多いこと[37]、そもそも、UNHCRのコンベンション・プラスのプロセスにおいても、そこで出されるアジェンダは表面上は南北の対話と協力を促すためのものであっても、実際は欧州の主な資金提供国との相談でUNHCRによって用意されていたものであることも指摘している[38]。

## 2　地域保護プログラムの始動
　　──ウクライナにおけるパイロット・プログラム

　上記のように委員会は、地域保護プログラムを、難民等の経由国である「西部新独立諸国」、すなわちウクライナ、ベラルーシ及びモルドヴァ三国と、難民等の出身地域の1つであるサハラ以南のアフリカ、その中でも特にタンザニアにおいて、まずはパイロット・プログラムとして開始することを決めた。実際にこのプロジェクトは最近になって始動しはじめたばかりでEUとして報告書等を出している段階にはないが、関連する資料及び現地調査によって筆者が知りえた限りの概要を以下に紹介しておく。

　ここで調査の対象としたのは「西部新独立諸国」の1つであるウクライナにおけるプロジェクトである。ウクライナは1991年8月24日に独立宣言によってソヴィエト連邦から独立し、1993年に難民法を採択し1996年からそれを実施しはじめたが、その後2001年、2003年、2005年に改正を行っている。難民条約と難民議定書には2002年に加盟し、ウクライナにおける難民の定義は、それらで規定されるのとほぼ同様のものである[39]。難民法実施以来、2008年のはじめまで

に約5,459人の庇護申請者が難民の地位を与えられそのうち2,277人がウクライナ国内にいるが、主な出身地域の内訳は、アフガニスタンが51％、旧ソ連が29％、アフリカが13％である[40]。UNHCRのキエフ事務所は2004年3月にキエフに開所され、ベラルーシとモルドヴァも管轄することとなった。庇護手続きに関連する組織は、次の4つである。すなわち、ウクライナ国家国境警備局(the State Border Service of Ukraine)、地域移民局(the Regional Migration Service)、民族・宗教国家委員会(the State Committee for Nationalities and Religion、旧民族・移民国家委員会)、及びウクライナ安全保障局(the Security Service of Ukraine)であるが、地域移民局の事務所は、実際は民族・宗教国家委員会の地域支部である。地域保護プログラムが始まる前の2006年当時の同国の難民行政は、スタッフ不足、通訳不足や庇護申請者の出身国の情報の不十分さ、UNHCRの出版物などを参考にすることもないこと、また、ロシアのチェチェン難民に関しては2000年代になってから数年間にわたり難民の地位を与えられたものはおらず国境で直ちに送還されているなど、問題のある状況だったことが報告されている[41]。

地域保護プログラムを理解するのに重要なことは、それは白紙の状態からの出発ではなかったということである。これまでにEUがいろいろな局面で作り上げてきた対外政策の枠組みの中に地域保護プログラムとして行う事業を加えるということであって、地域保護プログラムのために固有の基金を用意しているわけでもない。

具体的には、それは、2006年までは、EU委員会の欧州援助協力局(European Aid：委員会のDirectore-Generalの1つで2001年につくられた対外的な援助プログラムやプロジェクトの実施に責任を持つ部局)のアエネアス・プログラム(AENEAS Programme)[42]という枠組みの中で行われてきた。EUは1999年のタンペレ理事会で庇護政策と同時に移住政策にもとりくむことになったことは前述したが、その一環として「移民の流れの効率的な管理」のために第三国への財政的・技術的援助の枠組みとして立ち上げられた最初の正式なプログラムがアエネアス・プログラムである。このプログラムは当初2004年から2008年までの予定であったが、2007年に「移民・難民分野における第三国との協力のためのテーマ別プログラム」が新たに設けられ事業がそちらに引き継がれるようになったため、2006年までの3年間で終わっている[43]。その間、アフリカ及び地中海、東南欧(西

バルカン及びトルコ)、東方(東欧、ロシア連邦、中央アジア)、東南アジア、ラテンアメリカ及びカリブ海、の4つの移住ルート及びグローバルなイニシャティブをあわせて107のプロジェクトを支援したが、その中で東方移住ルートに関するものは23であった(最も多いのがアフリカ及び地中海移住ルートの50)。アエネアス・プログラムは委員会自体が何か計画を策定して実施するのではなく、国際組織やNGOがプロジェクトを計画しプロポーザルを提出し、EUがそれらを審査によって採択し資金を付与するというものである。その中で、「西部新独立諸国」に関連する事業としては、「国境を越えた協力(Söderköping Process)」(基金支給年度は2004年、主な実施機関はUNHCR、実施期間は2006年3月1日－2009年2月28日)、「庇護申請者及び強制された移民の保護」(2004年、ECRE、2005年12月10日－2008年12月10日)、「ザカルパチア／西ウクライナにおける難民及び庇護申請者の保護及び待遇の分野における能力強化」(2005年、Caritasオーストリア、2006年12月8日－2008年9月7日)、「参加アプローチ及びセクター間協力による政府及び市民社会の関係当事者の能力強化を通じたウクライナにおける庇護及び保護対応力の強化」(2005年、Dansk Flygtningehjälp：デンマーク・レフュジー・カウンシル、2007年2月1日－2009年4月30日)、「ベラルーシにおける保護対応力の強化」(2005年、UNHCR他、2006年12月16日－2008年12月16日)、「モルドヴァ共和国における庇護の条件と国際的保護の向上」(2006年、セイブ・ザ・チルドレン他、2008年2月1日－2011年1月31日)「ベラルーシ共和国における庇護の条件と国際的保護の向上」(2006年、ベラルーシ共和国軍事アカデミー国境警備隊部、2007年12月20日－2009年12月20日)などが資金提供の対象として選ばれた[44]。

アエネアス・プログラムの後継の「移民・難民分野における第三国との協力のためのテーマ別プログラム」は2007年から始まった。同プログラムは、EUが第三国に対して行う開発協力という枠組みの中のテーマの1つだが、「移民・難民」以外のテーマとしては、人間と社会開発、環境とエネルギーを含めた天然資源の持続可能な管理、非国家主体と地方当局、食糧の安全保障というものがある。「移民・難民分野における第三国との協力のためのテーマ別プログラム」は、第三国の「移民の流れのよりよい管理の確保のための努力への支援」をEUが行うためのものであり、活動分野は移民の分野が多いが、難民に関しても、「地域保護プログラムを通じたものも含めて、特に制度的な能力の強化におい

て庇護及び国際的保護を促進させる…」(開発協力のための財政的手段を設立する規則1905/2006[45]、第16条2(e))という活動も含められている。初年度の2007-8年度には、世界の全地域にわたり54のプロジェクトに対して資金提供をしているが、その中で東欧、南コーカサス及び中央アジアを対象にしたものが18ある。「西部新独立諸国」に関するものとして、「ベラルーシにおける保護対応力の強化(第Ⅱ期)」(基金支給年度2007-8年、おもな実施機関UNHCR、実施期間2009年1月1日－2011年12月31日)「ベラルーシ、モルドヴァ及びウクライナにおける難民の地域への統合」(2007-8年、UNHCR、2009年3月1日－2011年2月28日)「ウクライナにおける子どもの庇護希望者及び難民の法的・社会的保護」(2007-8年、デンマーク・レフュジー・カウンセル、2009年2月1日－2011年1月31日)、「EUとの再引き取り条約の実施のためのウクライナ及びモルドヴァ両政府のための技術協力及び能力強化(GUMIRA)」(2007-8年、IOM、2009年1月1日－2010年12月31日)、「地域プロジェクト：安全で尊厳のともなった帰還及び拘禁条件。ベラルーシ、モルドヴァ、ロシア連邦及びウクライナにおける庇護希望者、難民及び国内避難民の権利の保護」(2007-8年、ECRE、2009年2月10日－2011年2月10日)が採択されており、また、「地域保護プログラムに関連するグレート・レイク地域及び東欧でのUNHCRの活動支援」(2007-8年、UNHCR、2009年4月1日－2011年3月31日)がグローバルなイニシャティブの1つとして援助を受けている[46]。

　この「移民・難民分野における第三国との協力のためのテーマ別プログラム」の実際の基金は、「西部新独立諸国」に関して言えば、近隣諸国を対象とする「欧州近隣諸国連携基金」(European Neibouring and Partnership Instrument、ENPI)である(ACP諸国に対しては欧州開発基金、ラテンアメリカ、アジア、南アには開発協力基金)。ENPIは、2004年に開始した委員会の欧州近隣諸国政策(European Neighboring Policy, ENP)のための現在の基金である。欧州近隣諸国政策とは、2004年にEUが東方拡大した時に、拡大EUとその近隣諸国の間に新たな亀裂が生じるのを避けて、繁栄、安定及び安全保障等について両者の関係を強化しようという目的で始められた政策である。ENPの中心的な要素は、EUと各パートナーの間で結ぶ二国間行動計画であり、その中で政治的及び経済的な改革をアジェンダとして設定するものであるが、対象とされているのはアルジェリア、アルメニア、アゼルバイジャン、ベラルーシ、エジプト、グルジア、イス

ラエル、ヨルダン、レバノン、リビア、モルドヴァ、モロッコ、パレスチナ占領地域、シリア、チュニジア、ウクライナの16カ国／地域であり、「西部新独立諸国」の3カ国もその中に入っている。ENPの資金源は、2006年までは東欧に関してはTACIS (Technical Assistance to the Commonwealth of Independent States：1990年のソヴィエト連邦崩壊にともなって独立した旧構成国を、政治的・経済的・社会的すべての面で支援するために1991年に始められたプログラム)、南地中海諸国に関してはMEDA (Financial and technical measures to accompany the reform of economic and social structures in the framework of the Euro-Mediterranean partnership)、他、EIDHR (European Initiative for Democracy and Human Rights) など複数の出所があったのだが、2007年からは、単一のENPIに置き換えられたという経緯をたどる[47]。簡潔にまとめると、ウクライナの地域保護プログラムは2006年までは「アエネアス・プログラム」の1つとしてTACISから資金を供与され、2007年からは「移民・難民分野における第三国との協力のためのテーマ別プログラム」としてENPIから資金を供与されるEUの事業であるが、実際の事業者はEUそのものではなく、国際組織やNGOによって運営されるものである。しかし、この流れが地域保護プログラムの背景の全てではなく、さらに、直接的な資金や2008年から始まった東方パートナーシップ (Eastern Partnership) というプログラムも枠組みになりうる。東方パートナーシップとは、グルジアにおける紛争等に際会し、アルメニア、アゼルバイジャン、ベラルーシ、グルジア、モルドヴァ、ウクライナの6カ国を対象として、法の支配、よい統治、人権の尊重、少数者の保護、市場経済の原則及び持続可能な発展への相互のコミットメントに基づいて、それらの国の改革の努力を支援するため打ち建てられたものである。このように、地域保護プログラムが変遷を重ねる既存のあちこちの枠組みの下に位置づけられるのは、恒常的な基金を当てにすることができず、活動資金が安定しないという大きな問題の原因ともなっている[48]。

## 3　ウクライナにおける地域保護プログラムによる活動とその成果

　さて、では実際に、EUの地域保護プログラムによって、ウクライナではどのような活動が行なわれ、ウクライナは難民保護の面でどのように変わっているのであろうか。ここでは、先に見た「移民・難民分野における第三国と

の協力のためのテーマ別プログラム」の中で2つのプロジェクトを進めているUNHCRについて、それぞれのものを通じて何が行われているのかを見てみる。

　まず、1つ目のプログラムとして2007-8年に資金供与を受けた「地域保護プログラムに関連するグレート・レイク地域及び東欧でのUNHCRの活動支援」は、実施期間が2009年4月1日から2011年3月31日まで予定されているものであるが、UNHCRはその枠組みの中で2009年4月7日にキエフにおいて、ウクライナ、ベラルーシ、モルドヴァを対象とする「地域保護支援プロジェクト」(Regional Protection Support Project)を立ち上げた。100万ユーロで2年という規模のもので、全般的な目的は、庇護申請者と難民が適切な保護と援助を上記3カ国で受けられるようにすることであり、次の3つの構成要素からなる。すなわち、①難民の第三国定住の機会を今以上に作り出すこと、②国境及び入国地点における慣行の整理統合及び調和、③2007年6月に採択された「EU構成国の東及び東南の国境沿い諸国のためのUNHCRの難民保護及び重層的な人口移動のための10ポイント行動計画」[49]の促進及び実施である。最後のものについて少し説明を加えておくと、UNHCRの「難民保護及び重層的な人口移動のための10ポイント行動計画」[50]とは、2006年にUNHCRが発表して翌年に改定した行動計画のことで、国際的保護が必要な人が広い意味における重層的な移住の流れの中で旅してくる場合に、その人たちをその流れの中から識別して適切な対応を与えることを国家が確保できるように援助する枠組みを提供するものである。UNHCRがイシャチブを取るべき10の領域があげられているが、それは、1．鍵となるパートナー間での協力、2．データ収集及び分析、3．保護に敏感な入国システム、4．受け入れの調整、5．プロファイリング及び照会、6．異なるプロセス及び手続き、7．難民のための解決、8．二次的な移動への取り組み、9．難民認定されなかった申請者のための帰還の調整及び他の移住の選択肢、10．情報戦略、である。UNHCRは、とりわけ、EUの東及び東南の国境に沿った諸国(ブルガリア、ハンガリー、ポーランド、ルーマニア、スロヴァキア、スロヴェニア、ベラルーシ、モルドヴァ、ウクライナ)をターゲットとした行動計画を2007年の6月に発表しておりそれが「EU構成国の東及び東南の国境沿い諸国のためのUNHCRの難民保護及び重層的な人口移動のための10ポイント行動計画」である。その中では例えば、3の「保護に敏感な入国システム」を例にとれば、ダブリン規則及び再引き

取り条約の場合も含めてルフールマンからの保護を保障するために、国境及び受け入れ／拘禁施設の監視を強化することや、庇護申請者が国境及び拘禁施設において手続きと権利について必要な言語により情報を完全に利用できるようにすること、国境における当局及びカウンセラーへの国際的な保護についての能力強化や訓練をおこなうことなどがあげられている。

　UNHCRのもう1つのプロジェクトである「ベラルーシ、モルドヴァ及びウクライナにおける難民の地域への統合」に関しては、2009年3月1日から2011年2月28日までの2年間の実施予定のものであるが、EUからの基金にUNHCR自体の資金も加え「地域統合プロジェクト」という事業が立ち上げられた（全額258万6000ユーロのうち77％がEU、23％がUNHCRの出資）。こちらのプロジェクトの目的は、①政策決定にかかわる者及び広く社会一般の人々の間に難民の統合のための理解及び支援を生み出すこと、②ベラルーシ、モルドヴァ及びウクライナの政府とそれらの国における難民及び難民の統合を扱っている難民支援組織を援助すること、③モルドヴァ及びベラルーシにおいて認定された難民と補完的な保護を享受している人たち、及びウクライナで最近帰化した難民が地域社会に統合する現実的な可能性をもてるようなよりよい環境を作り出すこと、である[51]。

　さて、これらのプロジェクトでは実際にどのようなことが行われてきたのであろうか。2009年4月に始まった「地域保護支援プログラム」に関しては、まだ事業半ばであるが、9月15日にそれまでの実行に関する簡易報告書[52]が出ているのでそれにより現在までの実行の概要を紹介しておこう。同事業開始直後に運営委員会が結成されたが、それは、各国政府関係者及びEU委員会代表、IOM（International Organization for Migration：国際移住機関）、UNHCR、NGOであるECREからなるもので、そのうちのウクライナ政府から出されたメンバーは、国家国境警備局の外国人任務部（Department for Work with Aliens）の部長代理、及び民族・宗教国家委員会の難民・庇護部長である。そして、ウクライナで実際に行った活動は次のようなものである。第一に、10ポイント行動計画のポイント3にうたわれている「保護に敏感な入国メカニズム」という点に関連して、国境において国境警備隊、移民局、内務省がとるべき対応のためのチェックリスト等の作成、UNHCR、NGO及び政府関係者からなる国境監視団の派遣などで

ある。国境監視団のためにはNGOスタッフが合計10人雇われて訓練され、常時監視体制が整い、実施期間中で約250人が国境で諮問を受けたということである。「人々の理解」に関しては、西ウクライナでのメディアを用いた人々への啓蒙活動、そして、「第三国定住」に関しては、第三国定住のニーズについて、第三国定住の受け入れを行っている国の大使館員との打ち合わせの実施や、第三国定住の申請手続きの簡素化が行われ、4月からの4カ月間で50件の申請が提出された。概略であるが以上のような動きがあった。

　他方で「地域統合プロジェクト」も開始から半年間で簡易報告書[53]が出されている。こちらも各政府、UNHCR、IMO、EU、NGOからなるプロジェクトの運営委員会がつくられ活動している。ウクライナに関しては政府機関としては、民族・宗教国家委員会が運営委員会に入り政府における活動を進める中心となったが、その勧告に基づいて、ウクライナ内閣は2009年7月に「2012年までの期間において難民の地位をもつ人々のウクライナ社会への統合に関する措置の承認に関する決議」[54]を採択し、それが国家の政策推進の第一歩となったということである。また、UNHCRのパートナーとして活動しているNGOとの協約に、キエフ、ハリコフ、オデッサにおける地域的な統合活動が含まれるように改定され、具体的な統合の局面として、雇用、言語訓練、資格の承認、人々の理解と寛容性の形成というそれぞれの分野においてNGOによる活動が進められている。もう少し詳細を述べると、雇用に関しては、難民が労働市場における求人情報へアクセスできるようにウクライナ政府の援助をもとめ、その成果としてオデッサ地域においては国家雇用センターがNGOとの間で制度的な求人情報の共有を行う合意が締結された。言語訓練に関しては、キエフ、オデッサ、ハリコフの3つの地域において大学等によるウクライナ語及びロシア語のコースが提供される契約が結ばれた。そして、資格承認に関しては、難民が出身国で持っていた資格を文書で証明することは通常不可能であることを考慮し、他の代替的な方法を考えることが教育省との間で議論されている。難民に対する人々の理解を深め寛容性を形成するという点では、難民の権利や地域社会における統合の必要性についての情報をもりこんだリーフレットが作成され配布された。このように、半年という短い期間にいくつかの活動が始まり成果をあげているようである。しかしながら、報告書は必ずしも順調な面ばかり

ではなく、これまでの活動で困難な部分として、ウクライナ政府内の組織的な問題についても指摘している。すなわち、これまで、ウクライナの国家機関としては、民族・宗教国家委員会がUNHCRのパートナーとして最も重要な役割を果たしている部署であるが、難民及び庇護申請者に責任を負う部署が次々と替わるため他の省との連絡が遅れプロジェクトの実施にも悪影響を及ぼしており、言語訓練に関して大学等との協定に教育省を関与させることができなかったのはその例であること、資金も各省には割り当てられておらず民族・宗教国家委員会との協力が求められているだけであるということも述べられている。

　以上が報告書からわかることであるが、このようなプロジェクトによって、ウクライナ社会には実際に変化がもたらされているのであろうか。ウクライナにおけるUNHCRやNGOで働く方たちの声を紹介する。

### 4　現場で活動している人たちの声

　以下は、2010年2月19日から23日までのウクライナのキエフとオデッサにおける聞取り調査にもとづいた実態報告である。聞き取り調査に応じてくれたのは、6団体であるが、それらを簡単に紹介しておく。まず、UHNCRキエフ事務所において3人の方に会うことができた。Armen Yedgaryan氏はUNHCRキエフ事務所の地域保護支援プロジェクト保護オフィサーであり、現在はウクライナの国境警備におけるプロジェクトの責任者である。もうひと方はECREキエフ事務所からUNHCRに出向という形で、同事務所で働くJulia Zelvenskaya氏（東欧プロジェクトオフィサー）で、今回の調査は彼女のアレンジによるところが大きい。最後の方はZelvenskaya氏の同僚でSöderköping ProcessのGasper Bergman氏（事務所長）である。また、キエフの郊外にあるウクライナの難民支援NGOのCharitable Foundation "Rokada"ではDemirska氏（上級ソーシャル・アドバイザー）他3人の職員の方に出迎えられた。Rokadaは2003年に設立された難民支援の団体で難民と直接接するカウンセリング・センターと他の組織との協力を調整するインテグレーション・センターをもつが、私が訪ねたのはカウンセリング・センターの方である。さらに、全世界に支部を持つHIAS（Hebrew Immigrant and Society）キエフ事務所のDarina Tolkach氏（プログラム・コーディネーター）、オデッサの難民支援団体である南ウクライナ・ヤング・ロイヤーズ・

ECREのZelvenskaya氏とSöderköping ProcessのBergman氏

センター (South Ukraine Center of Young Lawyers、SUCYL) のKaterina Budiyanskaya氏 (弁護士) とMaryna Kurochkina氏 (上級弁護士) からも話を聞くことができた。

　まず、一定の成果を感じられていることは確かである。国内のNGOからは、以前は庇護申請者にとって単なる通過点でしかなかったウクライナが少なくとも一定の人数の人たちを受け入れ、統合のための措置を用意できるようになったこと、また自分たちの活動が難民の役に立っていることに対しては成果をあげたと感じているという感想が聞かれた (Rokada、SUCYL)。ウクライナの一般の人々が難民に関してどのような感情を持っているのかという点に関しては、基本的に、難民問題はウクライナにおいてそれほど大きな問題ではないが、経済的な不況の中難民に対する負の感情もないとはいえず、見た目で外国人とわかる人たちがとりわけそのような対象となりやすいという (SUCYL)。

　しかし、同時に国の支援の不十分さへの声が聞こえる。SUCYLのスタッフは、1998年に同組織が創設された頃に比べ、難民に関する法は整えられてきたが実効性にはかけると感じるという。同組織は一時的な庇護申請者の収容施設があるオデッサにおいて庇護申請等を援助する活動をしているが、難民自体に証拠を集めさせ、また3段階にわたる証明書の提出が求められるなど難民申請手続きの困難さを問題点として指摘していた。また、法的援助はあっても政府から

南ウクライナ・ヤング・ロイヤーズ・センター（South Ukraine Center of Young Lawyers、SUCYL）のKurochkina氏とBudiyanskaya氏

の物質的な援助はなく、資金面ではEU頼りになっており、ローカルなNGOにとってはその資金の取り合いとなっている状況であると説明していた。

　ウクライナには、法的な問題だけでなく、ウクライナ政府内の権限をめぐる問題もある。例えば、2007年の3月中旬から11月中旬までは庇護申請に対する決定を行うための担当者が任命されてはおらずこのため未処理件数の増加が問題となっている[55]。また、実際に国家の行政機関の間で難民に関する権限及び管轄の所在の変更がしばしば生じていることが報告されているが、2009年の8月から2010年2月現在まではそれが原因で難民認定はストップしたままであった。すなわち、これまで難民認定に関して権限をもっていたのは前述のように民族・宗教国家委員会であったが、内務省が難民問題に関してコントロールをしようとして同委員会に財源をまわさないために活動ができない状態が続いているということである（SUCYL）。UNHCRのYedgaryan氏は難民認定がストップしているこの現状ではウクライナは安全な第三国とは言えない状態であると述べていた。

　国家政策に関しては概ね厳しい意見を示された。Tolkach氏によれば、与党も野党も反移民の立場であるこの国では、地域保護プログラムがあっても肝

心の政府に難民を支援する意思がないので状況はよくならず、2003年にキエフにHIASのオフィスができてから何1つ状況は変わっていないという評価であった。

国境管理政策に関しては、2010年1月1日には、ウクライナとEU間の再引き取り条約が発効し、このために内務省が計28の収容センターをすでに設けている。Tolkach氏はそこには年間25,000人の人々が送られてくると見込まれていること、EUからはウクライナに緩衝地帯としての役割が求められていることを説明してくれた。UNHCRのYedgaryan氏は、違法な入国を防止するための国境管理の重要性を認識し、国境管理が関係諸国の協力によって進められていることには評価をしていた。Söderköping ProcessのBergman氏によると東から欧州へ向かうルートの中では、これまではモルドヴァが国境管理に対してはより厳格であったため比較的管理が緩やかであったウクライナを通過する人が多かったということである。

以上のことからわかるように、ウクライナの政府は、自国による難民受け入れに対して非常に前向きであるとはいいがたい状況である。しかし、他方で、UNHCRが中心となり、NGOを巻き込んでウクライナにおける難民保護の現状を改善させようとしている。経由国における保護対応力の強化を図ろうというEUの思惑は少しずつ実現に結びついていると評価できるであろう。それでも、現状では難民認定の機能がしばしば停止するなど難民行政に致命的な欠陥もあり、生活水準の違いを別としてもEU諸国と同様のレベルの保護を難民に与える状態ではないのであって、EUでの保護の代替として考えるべき場所とはなっていない。EUからよほど魅力的な援助がなされて、消極的なウクライナ政府の姿勢を変えることができるほどになり、さらにウクライナ自体の豊かさにもつながり人々の生活水準も向上するようになるならば、EUにもウクライナにも難民等にもメリットがある結果を導くかもしれない。

しかしながら、ウクライナが保護対応力をつけたときは、東から来る難民はすべてEUに到着する前にウクライナで保護するべきというならば、それは無理な話である。EUの中のギリシャやマルタという外囲国境国のような立場になり、それにより再び難民制度が崩壊してしまうだろう。そこで、本節でもしばしば出てきた第三国定住の仕組みが重要となる。

## 第2節　第三国定住

　上述したように、域外審査構想においても地域保護プログラムにおいても重要な事業の1つとして位置づけられていたのが第三国定住である。実際に地域保護プログラムがパイロット・プログラムとして開始されているウクライナでも、第三国定住に関する事業についての取り組みが始まっている。前述したようにUNHCRはEUに第三国定住を地域保護プログラムに限らないで考るべきであるとの要請をしていたが、実際に、現在EUは地域保護プログラムに限らないEU規模での第三国定住制度を構想するにいたっている。難民問題に対する対外的な責任の分担、あるいは連帯の1つの形態とされる第三国定住に関する議論をここでは検討する。

### 1　UNHCRと第三国定住

　まず、第三国定住についてあらためて確認しておこう。第三国定住とは、前述したように、難民をはじめに庇護を求めた国から永住の地位を付与することを認めて彼らの入国に同意した国へと移送することであり、自発的帰還、第一次庇護国での統合と並んで、UNHCRが難民問題の恒久的な解決策として考える3つの選択肢のうちの1つである。しかし、その3つの中に占める割合は数字的にはとても僅かなものであり、現在難民の中でこの道を歩むものは全体の1％以下でしかない[56]。第三国定住は1950年代に発展したが、1990年代の初めにイラクからの大量の人の流出という事態が生じると、以前のように解決策として使いにくいものとなってしまった。その結果、1979年にはUNHCRは世界中の第三国定住希望者20人に1人に対してそれを提供することができていたが、1996年には400人に1人の割合へと減少したのである[57]。

　その第三国定住の活用が再び期待されるようになるのは、前述したように2000年からのコンベンション・プラスのアプローチによってである。「難民保護の課題」の目標3「より公平な負担・責任分担と難民受け入れ・保護対応力の強化」では、そのために必要なことの1つとして第三国定住をあげており、目標5は「自発的帰還、第一次庇護国での統合及び第三国定住を、可能な場合はいつでも包括的なアプローチに統合することによって、より首尾一貫させる必要性」

を強調した「恒久的解決の更なる追求」をかかげている。安全で尊厳を伴った条件の下での自発的な帰還が難民にとってより好ましい解決方法であることにはかわりがないが、「第三国定住もまた、保護のための重要な道具として、また国際的な連帯と負担分担の手段として重要なものとならなければならない」と述べ、UNHCRは第三国定住の受け入れ国の数を増やすことによって保護を強化することを約束し、第三国定住をまだ提供してない国にはその可能性を積極的に検討することを求めたのである[58]。

そして、UNHCRは実際に第三国定住拡大のための行動に乗り出していくのであるが、以下、大まかな動きを示しておこう。UNHCRには1995年に、年間の難民の第三国定住の割り当てを話し合うために、伝統的な第三国定住国10カ国を含んだ「第三国定住に関する作業部会」を設けていたが[59]、2003年6月に同作業部会は常設委員会に「第三国定住の戦略的利用」[60]という文書を提出した。その後、カナダの用意した文書「第三国定住とコンベンション・プラス・イニシャティブ」[61]をもとに難民高等弁務官フォーラムの第1回会合が開催され、フォーラムでの議論を受けてカナダとUNHCRが指導的な役割を引き受け、関心をもつ国家や組織から相談をうけ、さらに第三国定住の枠組みの諸要素を練り上げる意思が表明された。そして、同年の11月にはUNHCR、カナダを両議長とし、他に、オーストラリア、ブラジル、デンマーク、エクアドル、エジプト、イラン、ケニヤ、ネパール、オランダ、ナイジェリア、南アフリカ、スウェーデン、タンザニア、タイ、イギリス、アメリカ、EU委員会、IOMからなる「第三国定住の戦略的利用に関するコンベンション・プラス・コア・グループ」の第一回の会合が開催され[62]、その結果、2004年6月には、同グループは、「第三国定住の取り決めに関する多国間枠組み」[63]という文書をうみだした。同文書は、当事国が難民の保護と恒久的解決の必要性に取り組むために包括的な措置を計画する中で、特定の状況に合わせた多国間取り決め（多国間での第三国定住の実施を含む）を作る際のガイドラインの役割をするものである[64]。

このような動きの中で、この数年で実際に第三国定住国は拡大していった。それまで伝統的に第三国定住の仕組みを持っていたのは、オーストラリア、カナダ、ニュージーランド、オランダ、デンマーク、フィンランド、ノルウェー、スウェーデン及びアメリカに過ぎなかったが、フランス、パラグアイ、ポルト

ガル、ルーマニア、チェコ共和国、ウルグアイ、イギリスなどが最近になって第三国定住の制度を始めるようになっている。日本も2010年から試験的な受け入れを3年間行うことを決め、わが国も第三国定住国の仲間入りをすることになっている。

## 2　EUと第三国定住

前節でみたように、よりよく管理された欧州への人の流れの確立を目指すために提唱されたイギリスの地域保護エリアや委員会の地域保護プログラムの中で、第三国定住は鍵となる要素として語られていたが、このようなEUにおける第三国定住の議論はUNHCRを舞台としたグローバルな動向と連動するものであった。前述のように、委員会の2003年6月の「共通庇護政策及び難民保護への課題に関する通知」は、UNHCRの「難民保護への課題」を受けたものでもあった。

UNHCRは2007年にはEUに対して積極的なアプローチを行っており、6月にはUNHCRはその第三国定住に関する年次三者協議において、EUのための特別の副次的会合を開催した[65]。UNHCRは、EU構成国に対して、EUとしての合同の制度を含めた第三国定住の促進を推奨する一方で、第三国定住はEU内及び国境で庇護申請する人への保護の提供を補完するものであり、それに代わるものではない、と強調している[66]。

EUサイドでは、委員会が2002年の夏にすでに第三国定住の実行可能性に関する研究を外部に委託しその報告書を2003年に受け取っていたが[67]、上記のようなUNHCRからの働きかけがこの問題に関するEUの動きを促進したようであり、委員会が2007年から2008年に出した文書においては、第三国定住を、恒久的解決を提供し責任の分担のための効果的な仕組みを確立するためのEU庇護政策の対外的側面の重要な部分として説明し[68]、また、第三国定住は第三国にいる難民に必要な保護を与え第一次庇護国との連帯を示す効果的な保護の道具としてさらに発展かつ拡大させることを表明するようになっている[69]。そして、その言葉を実行に移すかのように、2008年7月及び11月の司法・内務理事会は、イラク難民の第三国定住に関する結論[70]を採択して、EU諸国が自発的なベースで10,000人のイラク難民を第三国定住として受け入れることを決めた。イラク

では、2006年2月のサマラにおけるシーア派のモスクの爆撃の頃から何百万人という人々が国内外に避難しはじめ、そのうち、170,000人がシリア、34,000人がヨルダンに避難しているが、両国ではイラク難民に対して法的な地位を与えておらず、EUはその両国にいるイラク難民を受け入れるという決断を行ったのである。その決断は、すでに第三国定住制度を持っていたスウェーデンやオランダ、そして、イラク難民の受け入れに積極的な行動をしていたドイツやフランスの意見が実を結んだもので、その結果、それまで第三国定住には参加していなかった両国に加え、イタリア、ベルギー、ルクセンブルグという国がアド・ホックでイラク難民の第三国定住に踏み切ることになった[71]。

このような経験を経て、委員会は、2009年に「EU合同第三国定住プログラムの設立に関する委員会通知」[72]を提出することになったが、そこでは、「第三国定住に関するEUの合同の行動の主たる目的は、…より多くの構成国を第三国定住の活動に取り込み、第三国定住する人たちの保護へのアクセスを確保することである。同時に、それは、難民受け入れにおいて第三国へのより大きな連帯を示すのに役立つべきである」[73]と述べ、EUの第三国定住プログラムを第三国との連帯という文脈において説明している。

このように、EUにおいては、はじめは移民の流れのよりよい管理という目的の中で域外審査とセットで議論が始まった第三国定住が、UNHCRや市民社会との対話の中で、次第にそれらの枠組みを超え、国際的連帯又は責任の分担へとその主たる強調点がシフトしていったようにみえるのである。

2009年には、伝統的な第三国定住国の1つであったスウェーデンが年次三者協議の議長国を努めたが、同時に欧州理事会の議長国でもあった同国はEUの内外で第三国定住の拡大に努めていた[74]。今後、EU全体として第三国定住の議論においても存在感を持つようになっていくと思われるが、EUの考える第三国定住とUNHCRの求める第三国定住はまったく同一の方向性をもつものであろうか。第三国定住に関してしばしばUNHCRが問題としてきた点を1つだけ取り上げて考えておく。第三国定住を考える際に鍵となる要素として、本章第1節でもしばしば言及してきた難民の選定方法があげられる。難民の保護という観点からは、第一次庇護国における保護が十分ではないという人を選んで受け入れるべきであるが、国家はしばしば自分の国において統合しやすい人と

いう自国サイドの事情を優先して受け入れ難民を選んできており、UNHCRはその問題について再三諸国に呼びかけを行ってきていた。しかし、なかなかそのような声は優勢とならず、たとえば、カナダがイニシャティブを取っていた時、NGOからの声にこたえて、同国は、諸国家は国内の選定基準から離れてUNHCRの提唱する国際的な基準の受け入れへと進むべきであると示唆したことがあるが、多くの代表がNGOの提案は支持できないと述べていた[75]。前述の2004年の「第三国定住の取り決めに関する多国間枠組み」は、「第三国定住の基準を柔軟にし、グループごとの手法をとることがより多くの難民のための恒久的解決に貢献できる」[76]としかのべてない。そのような状況の中で、UNHCRはEUに対しても何度かこの問題を取り上げてコメントしており[77]、また、EUの合同第三国定住制度についての話し合いの中でも、EUが第三国定住制度を難民の必要性に基づいた無差別なものとするように期待を表明していた[78]。

　では、実際にEUはどのような選定基準を用いているのであろうか。前章でみたように、2008年からの第三期欧州難民基金は第三国定住をその範囲に含めるようになったが、次の4つのカテゴリーの人たちを第三国定住の対象とする場合は1人当たり年間4000ユーロを一度だけ与えることとして、これらのカテゴリーの人々を優先的に取り扱おうとしている。それらは、(1)地域保護プログラムの実施に指定された国又は地域から来た人、(2)保護者に随伴されない未成年、(3)危険(とりわけ心理的、身体的又は性的暴力又は搾取からの危険)にさらされている子ども又は女性、(4)第三国定住を通じてのみ取り組むことができる重大な医療的必要性をもつ人、である(第13条(3)及び(4))[79]。EUにおける第三国定住の議論が、地域保護プログラム、さかのぼれば地域保護エリアとセットで出てきたものであり、そのために、(1)の基準が最も重要なものとされているが、UNHCRから第三国定住は地域保護プログラムに限らずより広く追及するべきであるとのコメントも受けていたのは前述のとおりである。そのためか、(2)、(3)、(4)という、保護の必要性に着目した基準も優先的に扱われている。現在委員会が提唱しているEU合同第三国定住制度の下では、この基準は白紙に戻され、代わりに、委員会は毎年「連帯と移民の流れの管理」[80]の一般プログラムの管理委員会への諮問の後、優先的に取り扱う人たちを決定することになっている[81]。したがって、EUの第三国プログラムがどのような方向性をとる

のかは今後を見守っていく必要がある。

## 第3節　小　括

　前章まででみたように、EU構成国における庇護申請者に対する負担は、90年代初頭のような絶対数で言えば圧倒的にドイツに負担が集中していた状況から、今やダブリン・システムによってもたらされる外囲国境国への過剰負担が問題となる新局面へと変わってきている。それらの国の負担を、人の受け入れという意味で分担することには消極的な他のEU諸国は、過剰負担に苦しむ国に対して主に技術的・実務的支援という形での連帯を示そうとしているが、それと同時にEUの外囲国境国に庇護申請者が無秩序にたどり着かない方法を模索している。この行動は負担の転嫁(burden-shifting)として非難もされるであろう。しかしながら、実際は、負担の転嫁を図りながらも、EUは難民等に対する人道的責任という使命から逃れることはできず、国際的な責任の分担、負担の分担、あるいは連帯という言葉とともに行動せざるをえない。域外審査の発想も、地域保護プログラムという他国への支援を中心とした制度に行き着き、また、それに関連して浮上してきた第三国定住に関しても、普遍性をもったプログラムの形成へとつながっていった。

　もちろん、根本的には自分たちの難民等受け入れ負担の軽減が目的であり、その目的と無関係に他国への支援を行うものではないであろう。しかし、EU諸国が難民等に対する負担を軽減したいと考え、他国において難民を保護してもらえるようにそれらの国の保護対応力の強化に取り組むようになった現在、その支援が保護を受ける人々と保護を与える第三国にとって有効なものとなることが求められる。EUの選択は負担の転嫁という否定的な側面をもつことは確かであるが、それだけでとらえるのではなく、むしろ、それらの第三国において、難民等がEU諸国と同じ程度の保護を受けられるようにするところまで、EUが支援を行うことを求めていく働きかけも必要である。人の移動を契機として、EUが他国の保護対応力の強化のために行わざる終えなくなった支援が、第三国の住民の生活水準の向上にまでつながるほどに拡大されていく可能性を模索すべきであろう。EUには、周辺諸国の安定化のためにいくつかの援助や

技術協力の枠組みを作っているが、旧ソヴィエト連邦の構成国に対しては、東方拡大をする2004年までは関りをもっては来なかった。しかし、この数年間で少なくともウクライナにおいては、EUの欧州近隣諸国政策が同国の行政官僚には影響を与え、一定の成果をもたらしているという報告もある[82]。ウクライナのようなEUに近接する国においては、国際的な保護が必要な人々がそれらの国でEUと「均一なレベル」での庇護や待遇を与えられるべきであるという主張は、EUによるこの地域への援助における1つの課題を提示することになるだろう。

【注】
1　Communication from the Commission to the Council and the European Parliament, 'Towards a common asylum procedure and a uniform status, valid throughout the Union, for persons granted asylum', COM (2000) 755final.
2　Ibid., p.9.
3　Council of the European Union, Brussels, 24 October 2002, 13463/02, POLGEN52, Seville European Council 21 and 22 June 2002, para.27.
4　UK Government; 'New Vision for Refugees', 7 March 2003. ドイツの難民関係のNGOであるPROASYLのサイトが掲載している。<http://www.proasyl.de/texte/europe/union/2003/UK_NewVision.pdf>
5　A letter from Tony Blaire to Costas Simitis, 'New international Approaches to Asylum Processing and Protection'. NGOのStatewatchのサイトが掲載している。<http://www.statewatch.org/news/2003/apr/blair-simitis-asile.pdf>
6　Council of the European Union, Brussels, 5 May 2003, 8410/03 POLGEN29, Brussels European Council 20 and 21 March 2003, Presidency Conclusion, para.63. イギリス提案の詳細な経緯は、Gregor Noll, 'Vision of the Exceptional:Legal and Theoretical Issues Raised by Transit Processing Centers and Protection Zones', *European Journal of Migration and Law* 5, 2003を参照。
7　UNHCR, Working Paper, 'UNHCR's Three-Pronged Proposal', June 2003.
<http://www.unhcr.org/refworld/docid/3efc4b834.html>
8　UNHCR, Working Paper, ' A Revised "EU Prong" Proposal', 22 December 2003. <http://www.migreurop.org/IMG/pdf/UNHCR-Dublin.pdf>
9　UNHCR, *The State of the World's Refugees: Human Displacement in the New Millennium*, 2006, p.60.
10　UNHCR日本事務所の「難民保護の課題」のサイト参照。<http://www.unhcr.or.jp/protect/agenda/index.html>
11　Alexander Betts, 'The political economy of extra-territorial processing: separating "purchaser" from "provider" in asylum policy', UNHCR New issues in Refugee Research Working Paper No.91, 2003, p.3.
12　Madeline Garlick, 'The EU Discussions on Extraterritotial Processing: Solution or Conundrum?', *International Journal of Refugee Law 18* (3-4), 2006, p.617, p.622.
13　Communication from the Commission to the Council and the European Parliament on the common asylum policy and the Agenda for protection (Second Commission report on the implementation of

Communication COM (2000) 755 final of 22 November 2000), COM (2003) 152 final.
14  Communication from the Commission to the Council and the European Parliament 'Towards more accessible, equitable and managed asylum systems', COM (2003) 315 final.
15  Ibid., pp.13-16.
16  Ibid., pp.16-19.
17  Ibid., pp.20-21.
18  Ibid., p.11.
19  G. Noll, op.cit., pp.325-338.
20  G. Noll, op.cit., p.307, pp.320-325.
21  Thomas Gammeltoft-Hansen, 'The Extraterritorialization of Asylum and the Advent of "Protection Lite", Danish Institute for Internatinol Studies Working Paper no 2007/2, p.17.
22  Council of the European Union, Brussels, 1 October 2003, 11638/03, POLGEN55, Thessaloniki European Council 19 and 20 June 2003, para.26.
23  Communication on the managed entry in the EU of persons in need of international protection and the enhancement of the protection capacity of the region of origin 'Improving Access to Durable Solutions', COM (2004) 410final.
24  M. Garlick, op.cit., pp.618-621.
25  Council of the European Union, Brussels, 8 December 2004, 14292/1/04, REV 1, CONCL 3, Brussels European Council, 4/5 November 2004, Presidency Conclusions, Annex I: The Hague Programme: strengthening freedom, security and justice in the European Union, OJC53/5, 2005, para 1.6.1.
26  Ibid., paras.1.6.1-2.
27  Communication from the Commission to the Council and the European Parliament on Regional Protection Programmes, COM (2005) 388 final.
28  The Hague Programme: Ten Priorities for the next five years. The partnership for European renewal in the field of Freedom, Security and Justice, COM (2005) 184final.
29  Tomas Gammeltoft-Hansen, op.cit., pp.20-21.
30  COM (2009) 262final, para.5.2.2.
31  Council of the European Union, 17024/09 CO EUR=PREP 3 JAI 896 POLGEN 229, 'The Srockholm Programme', para.6.2.1.
32  Oxfam, *Foreign territory*, 2005, pp.48-56.
33  Churches' Commission for Migrants in Europe, 'Resettlement Newsletter', September/October 2005, p.6.
34  UNHCR, UNHCR observations on the Communication from the European Commission to the Council and the European Parliament on Regional Protection Programmes, October 10.2005, p.2.
35  Ibid., p.4, p.6.
36  Alexander Betts, 'Towards a Mediterranean Solution? Implications for the Region of Origin', *International Journal of Refugee Law* 18 3-4, 2006, p.661.
37  Alexander Betts and James Milner, 'The Externalization of EU Asylum Policy: The Position of African States', Center on Migration and Society Working Paper No.36, University of Oxford, 2006, p.17.
38  Ibid., p.16.

39　ウクライナ難民法 (Law of Ukraine on Refugees) 第1条。
40　UNHCR 'Refugee and asylum statistics for Ukraine' <http://www.unhcr.org.ua/unhcr_ukr/main.php?article_id=3&view=full&start=1>
41　Franck Duvell, 'Ukraine – Immigration and Transit Country for Chechen Refugees', Centre on Migration Policy & Society, *Central and East European Migration*, Research Report 3/3, p.4.
42　Regulation (EC) No 491/2004 of the European Parliament and of the Council of 10 March 2004 establishing a programme for financial and technical assistance to third countries in the areas of migration and asylum (AENEAS), OJL80/1-5.
43　European Commission EuropeAid Cooperation Office, Migration and Asylum Programme Thematic Programme on cooperation with third Countries in the Areas of Migration and Asylum Overview of project funded in 2007-2008, 2010, p.4. <http://ec.europa.eu/europeaid/what/migration-asylum/documents/migration_and_asylum_2007-2008.pdf>
44　European Commission EuropeanAid, 'Aeneas programme: Programme for financial technical assistance to third countries in the area of migration and asylum: Overview of projects funded 2004-2006, pp.69-91. <http://ec.europa.eu/europeaid/what/migration-asylum/documents/aeneas_2004_2006_overview_en.pdf>
45　Regulation (EC) No 1905/2006 establishing a financing instrument for development cooperation, OJL378/41.
46　European Commission EuropeAid Cooperation Office, op.cit., 2010, pp.28-46, p.71.
47　委員会のサイトにおける欧州近隣諸国政策の説明による。'European Neighbourhood Policy: Funding' <http://ec.europa.eu/world/enp/funding_en.htm>
48　Söderköping ProcessのGaspar Borgman氏へのインタビュー (キエフ、2010年2月19日)。
49　UNHCR, 'Ten Point Plan of Action for Refugee Protection and Mixed Migration for Countries along the Eastern and South Eastern Borders of European Union Member States', 29 June 2007. <http://www.acnur.org/t3/fileadmin/Documentos/nuevo_sitio/2010/conferencia/2.%20UNHCR's%202010%20Point%20Plan/UNHCR%20-%202010%20Point%20Plan%20of%20Action.pdf>
50　UNHCR, 'Refugee Protection and Mixed Migration: A 10-Point Plan of Action', revision 1, January 2007.
51　UNHCR Ukraine, 'Local Integration Project', <http://unhcr.org.ua/main.php?part_id=32>
52　European Commission, Flash Report, <http://unhcr.org.ua/img/uploads/docs/RPSP%20RR%20UKR%20-%20flash%20report-Sept%202009%20-%20PI.doc>
53　European Commission, Flash Report, <http://unhcr.org.ua/img/uploads/docs/Flash%20Report%2015%20Sept%202009-web.doc>
54　Cabinet of Minister of Ukraine, 'Resolution of 22 July 2009 No853-p Kyiv, On approval of the Plan of measures on integration of persons who have refugee status into Ukraine society for the period till 2012'. <http://unhcr.org.ua/img/uploads/docs/CMU%20Resolution%20eng.doc>
55　Commission staff working document accompanying the Communication from the Commission to the Council and the European Parliament 'Implementation of the European Neighbourhood Policy in 2007: Progress Report Ukraine7, SEC (2008) 402, p.13.
56　「2007年には、UNHCRは99,000の個人を諸政府に検討してもらい、それはここ15年間で最高の数であり前年に比べて83％の増加であるが、それでも世界の難民の1％に満たない」。Press Release of UNHCR, 'Global refugee, internally displaced figures climb for second straight year', 2008.

57 Gray Troeller, 'Opinion: UNHCR Resettlement: Evolution and Future Direction', *International Journal of Refugee Law* 14 1, 2002, pp.88-89.
58 UNHCR, Agenda for Protection third edition, October 2003, pp.78-79.
59 UNHCRの年次三者協議のサイトにおける説明。<http://www.unhcr.org/pages/4a2cd39e6.html>
60 'The Strategic use of resettlement', EC/53/SC/CRP.10/Add.1, 3 June 2003.
61 UNHCR, FORUM/2003/02, 18 June 2003.
62 UNHCR, 'Informal record meeting of the convention plus core group on the strategic use of resettlement',FORUM/CG/RES/05, 12 December 2003, para.1. <http://www.unhcr.org/refworld/topic,4565c2251a,471cc4142,471ddfcb2,0.html>
63 UNHCR, 'Multilateral Framework of Understandings Resettlement', FORUM/2004/6, 16 September 2004. < http://www.unhcr.org/414aa7e54.html>
64 UNHCR, High Commissioner's Forum, 'Progress Report: Convention Plus', FORUM/2004/5, 16 September 2004, para.3. <http://www.unhcr.org/414aa6c24.html>
65 UNHCR, Background Paper from UNHCR: EU Resettlement, European Commission consultation meeting on the EU resettlement scheme, Brussels, Friday 12 December 2008, pp.10-11.
66 UNHCR, 'Building a Europe of Asylum: UNHCR's Recommendations to France for its European Union Presidency (July- December 2008)', June 9 2008, pp.12-13.
67 Migration Policy Institute, 'Study on the feasibility of setting up resettlement scheme in EU Member States or at EU Level, against the background of the Common European Asylum system and the goal of a Common Asylum Procedure', European Commission, TENDER NO. DG.JAI-A2/2002/001, 2003.
68 'Green Paper on the future of the Common European Asylum System', COM (2007) 301, para. 5.2
69 'Policy Plan on Asylum: An Integrated Approach to Protection Across the EU, COM (2008) 360final, para.5.2.2.
70 Council Conclusions on the reception of Iraqi refugees, 2987th Justice and Home Affairs Council meeting, Brussels, 27-28 2008. <http://www.eu2008.fr/webdav/site/PFUE/shared/import/1127_JAI_Conclusions/JHA_Council_conclusions_Iraqi_refugees_EN.pdf>
71 International Catholic Migration Commission, '10000 Refugees from Iraq: A report on Joint Resettlement in the European Union', May 2010, pp.5-16. <http://www.reliefweb.int/rw/RWFiles2010.nsf/FilesByRWDocUnidFilename/ADGO-85CKA8-full_report.pdf/$File/full_report.pdf>. See also COM (2009) 447final, p.5.
72 COM (2009) 447final.
73 Ibid., p.5.
74 UNHCRジュネーブ本部国際保護部、第三国定住オフィサーの方の話(2009年9月29日)。
75 UNHCR, FORUM/CG/RES/05, para.15. <http://www.unhcr.org/refworld/topic,4565c2251a,471cc4142,471ddfcb2,0.html>
76 UNHCR, 'Multilateral Framework of Understandings Resettlement', C. Selection Criteria, FORUM/2004/6, p.3.
77 UNHCR, ' UNHCR's Recommendations to the Slovenian Presidency of the European Union: January- June 2008', p.7. <http://www.unhcr.org/refworld/docid/476beab22.html>
78 CCME Conference 'Towards the Common EU Resettlement Scheme- the Road Ahead', Stockholm Sweden (25-28 August ), Remarks by Erika Feller Assistant High Commissioner- Protection, p.4. <http://www.unhcr.org/4a964cb29.pdf>

79 COM (2009) 447final, p.4.
80 欧州難民基金は、2008年に、「共同体の活動のための年次事業計画」の中で、欧州連合の構成国の外囲国境の統合した管理の導入及び庇護及び移民に関する共通政策の実施において、構成国間での責任の公正な分担を行うための、「連帯と移民の流れの管理」の中の1つに組み入れられた。あとのものは、外囲国境基金、統合基金、帰還基金である。
81 Proposal for a Decision of the European Parliament and of the Council of amending Decision No 573/2007/EC establishing the European Refugee Fund for the period 2008 to 2013 as part of the General Programme 'Solidarity and Management of Migration Flows' and repealing Council Decision 2004/904/EC, COM (2009) 456final, p.5.
82 Kararyna Wolczuk, 'Implemenation without Coordination: The Impact of EU Conditionality on Ukraine under the European Neighbourhood Policy', *Europe-Asia Atudies*, Vol.61, No.2, March 2009, p.208.

# 補章　市民社会のネットワーク形成

　最後に、この研究・調査を通じて感じたことを補章として書き留めておきたいと思う。それは、庇護政策・庇護法の共通化を通じて、市民社会の側もネットワークを作りそれに対応するようになっているということである。それらの動きの一例でしかないが、私が見たNGOと研究者のネットワークを紹介しておきたいと思う。

## 1　NGOネットワーク

ECRE (European Council on Refugees and Exiles)
　はじめは、本書でも何度も言及したECREである。ECREは、欧州の難民関係のNGOの協力のためのアンブレラ組織として古く1972年に設立されたものである。18人のスタッフを擁しており (2007年現在) 大きな組織である。本部はロンドンであったが、1994年から、ブリュッセルにオフィスを徐々に移していった。2007年2月に地下鉄シューマン駅にほど近いオフィスを訪問した時は18人のスタッフのうち3人のみがそのブリュッセル・オフィスでEU代表部として働いていたが、2009年9月に再訪した時は、Royale通りに面したビルに移転しており、本部機能はほぼそのブリュッセル・オフィスに移され、ロンドン・オフィスはロシアや本書で扱ったウクライナなどEUの東側の諸国に関する業務だけを管轄するものへと変わっていた。ブリュッセルに本部機能を移してきたのはもちろん、難民問題がEUであつかわれるようになったからである。情報収集やEUに対する意見を述べるために、ブリュッセルに居を構えることは必然的

であろう。

　活動の目的は、第一に、人道的で寛大な欧州庇護政策を提唱し、難民の動きに対する国際社会の包括的で一貫した対応を発展させること、第二に、難民を援助しているNGO間のネットワークの強化をすること、第三に、難民を援助している欧州のNGOの組織的な能力の開発をすることである。ECREの下には、現在欧州30カ国から69の難民関係のNGO組織がネットワークをつくっている。

　2007年に訪問した時は、EU代表部のWilliam Richard氏が、移民をとりまく現在の政治的な環境について、次のように語ってくれた。まず、人々の多くは難民と移民を混同していること、そして、人々の難民に対するよくない感情を政治家が利用して、その政治家の動きをメディアが取り上げ、人々にさらに難民への嫌悪感を植え付けるという悪循環が起きている。そんな中で、EUにおける難民政策の発展がもたらす効果をどう考えるかという質問に対しては、EUの定める基準は最低限のものであり各国はそれ以上の基準を維持したり作成したりできるのであるが、どの国も自分の国へ難民を引き寄せたくないという欧州の現状では、現状は保護水準が底辺まで行き着くレースになってしまい、EUの定める最低基準が採用される結果になってしまうであろう。そのことを考えると、EUの基準は低すぎると強い懸念を表明していた。また、それとは別の視点で、EUの基準があっても、現状は各国が大きく異なる部分が多いことも述べていた。本書で扱ったダブリン・システムについて強い反対を表明し続けているのもECREである。資源がかかりすぎで無駄な努力であるという。

写真1　ECRE広報部長Martin Watsons氏（2009年）

補章　市民社会のネットワーク形成　171

写真2　2007年当時のECREのEU代表部William Richard氏とスタッフ

PICUM (Platform for International Cooperation on Undocumented Migrants)

　次に紹介するのは、PICUMである。このNGOは、非正規移民の基本的社会権の尊重の促進という分野に焦点を当てて活動をしている。非正規移民の大部分は、却下された難民申請者であるという。それらの人々は何十年も欧州に非正規に住み続けている場合も少なくない。PICUMは、そのような人々のために、次のような活動をしている。すなわち、法と慣行の情報収集（移民の社会権、拘禁、追放、居住の正規化の可能性について）、専門知識・アドバイス・支援のためのセンターの開発、非正規移民の法的・経済的立場の改善についての勧告の作成などであるが、その中に、欧州における非正規移民を扱う組織のネットワークの強化という点も含まれている。すなわちPICUMも、移民及び難民問題がEU化されたことに対処するためにできた組織で、2000年に結成された。

　2007年当時スタッフは5人であったが、ディレクターであるアメリカ人のMichele LeVoy氏にインタビューを行った。彼女がまずこだわっていたのは用語であり、滞在許可や就労許可を持たない移民に対しては、非正規（undocumented, irregular）という言葉を使うべきであり、刑法上の犯罪を犯したかのような不法（illegal）という言葉を使うべきではないということであった。

写真3　PICUMのディレクター Michele LeVoy氏とスタッフ

その点、まだ、EUの委員会もまだ不法という言葉を用いていることに対して不満を表明していた。確かに、本書で取り上げたユーロダック規則でも、委員会は不法な滞在という表現を用いていた（が、その一方で国境の越境には非正規という言葉を用いている）。不法という言葉から生じる偏見が、インフォーマル・エコノミーでの搾取や虐待にもつながるが、それに対して一般市民は消費者としての責任を負っているというのが彼女の持論である。非正規移民は少なくとも雇用という面では受け入れ国に統合しているのであって、簡単に送還の対象となるべきではないという。この分野においての政策がどれほど欧州化が進むかは見えにくいということであった。

## December18

最後に、December18を取り上げる。同組織は、1997年にアジアの移民関係のNGOにより始まったもので、全世界的な組織である。ベルギーにオフィスを構えたのは1999年であるが、欧州では他にジュネーブ、イタリアにもオフィスをもつ。スタッフ5〜6人とボランティアで運営しているという。ベルギー・オフィスのディレクターはベルギー人のRené Plaetevoet氏であり、彼に話を聞いた。

December18という名前は、同日が移民の日であることからつけられたもの

である。インターネットをフルに活かした活動をしており、Webサイト上での国際的なプラットフォーム（WWW.DECEMBER18.NET）には、世界中約2000の団体が参加している。

　活動の柱は以下の3つである。1つ目が移住労働者条約の推進であり、批准のためのキャンペーンやレポートの作成・提出を行っている。移住労働者の保護に関して、国際法の水準は最低限なものであるという考えをとり、特に非正規労働者に関しては、同条約を加盟していない国に対しても、それを国際的な保護基準として遵守を求めていく活動をしているという。そして、多くの先進国は実際には最低限以上の保護を国内法で保障しているのであって、条約批准に踏み切れないのは政治的な問題であることを、各国法の研究によって明らかにしようとしている。2つ目の柱が、12月18日に開設される「Radio18.12」というラジオ局で、そこで、それぞれの国から移民問題のレポートを生の声で流し、国際的な連帯をつくりだす活動をしている。2006年に開始したばかりの活動であるが、初年度は27カ国から参加があった。3つ目の柱が欧州における移民関係のNGOのつながりの形成である。すなわち、**European NGO Platform for Migrant Workers Rights**（**EPMWR**）の事務局を引き受けており、EU委員会のグリーン・ペーパー作成時にはEU委員会からの諮問をうける役割もはたした。

写真4　December18のPlaetevoet氏

以上、多くの活動的なNGOが存在する欧州における、ほんの三例に過ぎないが、いずれも、難民、移民問題が欧州化した時期にあわせて、ブリュッセルにつくられ又は移転し、それぞれの分野での欧州のNGOの取りまとめ役として盛んにロビイングをしたり、EU機関に意見を提出したり、情報収集を行ったりしている。2007年にブリュッセルを訪れた時には、ちょうどEU議会の市民的自由・司法及び内務問題委員会が公聴会「EUと移民の挑戦」(The EU and the Challenge of Migration)を開催していた(2007年1月30日15:00～18:30)のをNGOの方々とともに傍聴することができた。ブリュッセルにいる彼らは、その背後に控えているネットワークに属する何百というNGO、そして、そのNGOがかかわりをもつ何万という人たちのためにここで活動しているのだろう。

写真5　2007年1月の公聴会、議長Mr. Jean-Marie Cavada氏(EP-JHAの議長)他

補章　市民社会のネットワーク形成　175

写真6　2007年1月の公聴会に参加するNGOの方々

## 2　研究者ネットワーク

続いては、研究者ネットワークを1つだけであるが紹介しておく。

ODYSSUES NETWORK(Academic network for legal studies on immigration and asylum in Europe)

　オデッセウス・ネットワークは、ブリュッセルにあるブリュッセル自由大学(l'Université libre de Bruxelles)の欧州研究所(Institut d'études européennes)のFillip Du Bruycker教授がコーディネーターとして1999年に結成した欧州の移民及び難民に関する法的な研究のための研究者間ネットワークである。2007年現在のメンバーは1カ国から各1人ずつ計21人で、EU27カ国のうち6人(国)が欠けているが、最終的には27カ国から2人ずつで54人にする予定であるという。

　活動内容は教育と研究の両面がある。教育に関しては、7月に2週間のサマースクールを開催しており、こちらは2010年で10回目になる。2005年の第5回目のサマースクールに筆者は参加させてもらったが、国際機関職員、NGO職員、政府関係者などが多く参加していた。欧州の人が多かったが、台湾、韓国の方も欧州の庇護法を学ぶために参加していた。台湾の方は自国で移民関係の仕事に就いて現在は欧州で勉強をしている方であった。韓国は毎年2名の入管職員

をこのサマースクールに派遣しているとのことであった。2006年9月からは1年のコース(サーティフィケート、ジョイント・ディグリー)を開催し始めたが、これは、土曜日と日曜日のみの開催で、参加している学生はすでに仕事を持っている人が多いが、欧州全土から週末だけブリュッセルにやってくる人もいれば、1年間仕事は休職してブリュッセルに住んでいる人もいる。そのように、欧州全土で仕事をしている人を対象としているためであろう、Eラーニングも開始予定とのことである。

　研究に関しては、各国の国内法の比較調査や研究を主として行い、EU委員会から委任された調査を行うこともあり、例えば、2007年は、難民に関する諸指令の各国国内法における実施状況についての調査を行っていた。EUの政策の当・不当については論じないで、厳格な法的分析のみをするというスタンスをとっている。

　コーディネーターのDu Bruycker教授の見方では、欧州共通移民・難民政策は、現在はまだ「共通政策」とはいえず法的な枠組みを提供しているのみであって、構成国は相当の裁量を保持している。指令はどれもあいまいで一般的であるという。今後については、今のところ楽観的見方、悲観的見方両方ができるのであって、評価には10年、20年という長期的時間が必要であるとのことである。しかし、ダブリン・システムに関しては、全く評価できるものではないという考えで、10年間続けてきた愚かな政策をまた10年続けることになるであろうと、現在の改正の動きに批判的であった。

　ベルギーの隣国オランダへ、オデッセウス・ネットワークに入っている研究者がいるもう1つの大

写真7　ブリュッセル自由大学の欧州研究所

補章　市民社会のネットワーク形成　177

写真8　Fillip Du Bruycker教授

学を訪ねた。オランダのナイメーヘン市にある、ナイメーヘン大学(Radboud University of Nijmegen)の移民法センター(Center for Immigration Law)のElspeth Guild教授がそのメンバーであるが、私が訪ねた時は彼女は不在で、同センターのセンター長Dr. Kees Groenendeijk教授、同センターの唯一の専任教員であるコーディネーターのDr. Karin Zwaan氏にお会いした。同センターは1995年に、移民と少数者保護に関するアイディアと討論を交換するフォーラムの提供を目的として設立されたもので、1999年からジャーナル European Journal of Migration and Lawを出版し、本もSeries on European Immigration and Asylum Policyというシリーズを出版している。

　センターのメンバーは2007年現在21人。移民と少数者の法にコミットしている法学研究者と他の社会科学者による学際的研究を行っている。移民に関する学際的研究の必要性を認識している一方で、学際研究の難しさも感じるという。すなわち、お互いの学問分野の相違の理解が求められ、それぞれに勉強が必要であり、時間がかかるものであるいうことであった。私自身、勤務大学で総合科学部という学部で学士過程教育に従事していることから、他の学問分野の研究仲間にも恵まれているが、学際的な研究の必要性と難しさは常に意識せざる

写真9　ナイメーヘン大学移民研究所の研究所のDr.Groenendeijk教授、コーディネーターのDr. Karin Zwaan氏とスタッフ

をえない問題でもありこの話は大変腑に落ちるものであった。

　欧州には移民や難民の研究センターをもつ大学がいくつかある。私が訪ねたことがあるものだけでも、上記以外に、オランダのレイデン大学の移民法研究所、スウェーデンのストックホルム大学の移民研究所、イギリスのオックスフォード大学の難民研究所などがあるが、各国にそれぞれ複数そのようなものがあるだろう。日本でも、2010年4月に東京大学で難民移民講座が開始されたり、2008年に移民政策学会が創設されたりして、移民研究が1つの独立した学問分野として形成されてきた近年であるが、今後、本書第4章でみたように難民問題において国際的な責任分担が求められたりするようになると、共通難民制度を構築しているEU構成国どうしの関係とは根本的に異なっても、他の国々との国際的な研究協力も必要となるかもしれないし、NGOのネットワークも有用なものになっていく可能性はあるであろう。

# おわりに

　欧州の要塞という言葉がよく用いられるが、その要塞を破ってでもやって来る人々の波を止めることはできない。国境警備をいくら厳重にしていても、今日も小さなボートに乗って地中海をわたりランペドゥーサ島を目指すものがいるであろう。危険を冒し、命をかけた旅を続けるほどに、多くの人々にとって、欧州は今よりずっとよく生きる場所として魅力的であるのであるからとめられはしない。
　一方、欧州諸国は欧州諸国の原理で動いている。国家は外国人を受け入れなくてはいけない一般的義務はなく、国境は自由に開放はできないこと、したがって、非正規な移住の動きは厳しく監視していくことは必須である。そういう中で、必要な外国人は入国させるというのも彼らには当然の選択である。しかし、それと同時に、欧州は地球上の他のどこよりも人権と民主主義という理念が浸透しており、それによって自分たちが縛られている面がある。そして、その理念に色づけされて、当初の政策はある程度修正されていく。少なくともここで見た、難民問題の一側面に関しては、そのような観察ができると思う。
　EUは域内における人の自由移動の保障という特殊性からダブリン・システムという世界では他に類の見ない責任分担システムをつくりあげたが、それはこれまでのところ、目的を達成して大きな成功をおさめたというよりは、問題点の方が目立つ結果になっている。それに対して、欧州中のNGOや研究者から批判が寄せられ、その意見が反映され、次の段階では改良がおこなわれる。欧州共通庇護制度には批判が多いだけに改良も進んでいく。方向性を決める要

素は2つある。それは、システム自体の存続と人々の人権保障という至上命題である。過剰負担にあえぐ国をそのままにしておくことは、そこから入ったひび割れが全体としてのシステムの崩壊につながるおそれを生むので、その対策として「負担の分担」や「連帯」が重要な取り組みとして求められるようになる。また、これまで積み上げてきた欧州の人権基準に満たないような制度も、変更を余儀なくされる。庇護審査に関する多国間体制という新たな試みとしてのダブリン・システムは実社会で実験を繰り返しながら完成形へと近づいていくのであろう。

他方、対外的な側面においても欧州は、実験を始めた。これも議論の出発点は欧州への人の流れの効率的な管理であったが、それさえ確保できればいいということにはならなかった。それによって、欧州へ庇護を求めて向かう人々たちに適切な保護を与えることができるのかどうかが重要な視点として加わり、そして、そのような人々の人権保障の側面とEUへのアクセス制限を両立させるために、EU域外の関係国との「連帯」を選択し、具体的には地域保護プログラムで経由国や出身地域の国の保護対応力を強化させ、第三国定住で一定の負担の分担を引き受けるというところまで進展した。第三国定住に関しては、UNHCRのコンベンション・プラスの活動と連動して、より一層世界的な文脈の中で保護のニーズとともに語られ位置づけられるようになっていったのである。

「連帯」という言葉の用いられ方には気をつけなければならない面もある。連帯を理由に、負担を負っている国に対して他国は支援を行うことを求められるが、逆に負担の集中している国は自国の保護対応力不足を理由にその負担から逃避することは許されず、他国から支援を受けつつ「連帯」の精神で他国のためにもその負担を引き受けることが求められる。

さらに、慎重に見ていかなければならないこととして、EU域内における難民等の移動の自由の保障や第三国定住制度は、やり方によっては必要な移民を自国に取り入れる措置にもなりうるという点もある。構成国には、原則的に実際の人の受け入れの負担は極力負わず財政的・技術的支援に力を入れながらも、必要なときに頼ることができる潜在的な労働力の貯えを手の届くところに確保しておきたいという考えもあるだろう。そのような思惑があったとしても、結

果として庇護申請者たちに対してよりよい保護が与えられ、出身地域や経由国の状況が改善するようになるかどうかが最大の関心事である。

　いずれも新たな試みなので、欠陥があり修正され改革されていくのは当然であると思うが、それにしても、どこまで改革が進んでいくのかは予想がつかない。審査国決定の基準に関して、委員会でさえ、構成国間で共通の手続きや均一の保護の地位が確立するまでは、現在のダブリン規則の基準が最適な選択であるという言い方をしている。すると、もしも共通手続きと均一の地位が確立されたら、基準は変更され、例えばNGOが主張するように申請者が希望する国で審査を受ける、ということになるのであろうか。また、本書ではダブリン・システムは単なる審査責任の分担システムではなく、その後の難民引き受けの責任システムでもあるということを一貫した前提として論じてきたが、ストックホルム・プログラムによって難民等の保護の移転の枠組みが創設されるようになったら、人々はどこで審査されようが数年後には各国に散って行き、規則のタイトルの通りダブリン・システムは真の意味で庇護審査の責任分担システムへとかわっていくのだろうか？

　また、対外的な局面に関しても、連帯がどこまでの結果を生むのか未知数である。難民等の出身国を安定させ難民等を生み出す根本原因に取り組み、経由国の保護対応力を強化させてそこでの人権水準を向上させ続けないことには、欧州への人の流れを止めることができないであろう。それらの国において庇護希望者は迫害からの最低限の保護を受けられたとしても、享受できる権利のレベルは欧州とは異なるからである。果たして、そこまで行き着くのだろうか？

　Uçarerは冷戦以降の欧州諸国の庇護のレジームを負担の回避、負担の転嫁、負担の分担(Burden-Shirking, Burden-Shifting, Burden-Sharing)という三段階に分けて整理している。庇護申請者の増加により初めに行われたことは、一方的に制限的な措置をとることであり、査証取得の要件を変更したり、旅客機に対する制裁を科したり、庇護申請者への利益給付の撤回や彼らの拘禁といったさまざまな抑止手段を取ったりすることで、これが負担の回避である。次に生まれてきた慣行が、「安全な出身国」、「安全な第三国」、「明らかに根拠のない庇護申請」の概念の国内法での採用や、隣国との再引き取り条約の締結といった負担の転嫁、そして、1990年代の終わりになってようやく見えてきたのが負担分担の

努力であるが、これについては大量の避難民の一時的な保護の規定ができたことと欧州難民基金の創設以外さしたる進展は見えない、ましてや、EU内での人の再配分は成功には遠い状態であると述べている。そして、もうひとつ、Uçarerは、欧州の負担分担の議論の設定においては、分担される負担は、現在はEUの構成国に限った地域的なものであり、連盟時代やそれを反映した国連の努力の中で発展してきた規範としてのグローバルなものではない、という指摘をしている (Emek M. Uçcare, 'Burden-Shirking, Burden-Shifting, and Burden-Sharing in the Emergent European Asylum Regime', *Interntaional Politics*, 2006, 43, pp.236-237)。

　負担の回避、負担の転嫁に関しては、はじめは各国がそれぞれに行っていたが、負担の回避のための競争によって保護水準が底辺まで行き着くレースに歯止めをかけるために、欧州共通庇護制度を設けることでEU全体でのレジームがつくられた。そして、各国による負担の回避、EU構成国間での負担の転嫁という問題から、EU全体としての負担の回避やEU域外への負担の転嫁という側面に移っていったといえるであろう。すると、残りの負担の分担という議論も、はじめはEUの構成国間のものであっても、EU全体とそれ以外の主体との間のレジームの構築へと範囲が広がっていくことも当然の流れのように思われる。つまり、Uçarerが上のように書いたのは2006年であったが、その後、EUの負担分担の議論はUNHCRとの共鳴によって急速にグローバルな要素もおびてきている。それが、欧州へ向かう難民の出身地域や経由国を越えてどこまで進むようになるのか、EUが日本も含めた潜在的な受け入れ国を巻きこんでのグローバルな負担分担のレジームの立役者となるかどうか、それも簡単には見通しは立てられない。

　しかし、委員会が次のように言っているのには注目したい。すなわち、「EU諸国はグローバルなフォーラムにおいて彼らの考えや制度を広める立場にある。さらに、EUの慣行は1カ国の慣行以上のものを表していると考えられるべきものである。EUの庇護政策の対外的な側面が重要性を増すほどに、グローバルな難民保護制度の中における27カ国を包含する実体としてのEUの役割に、より多くの期待が生まれてくる」(COM (2007) 301, para.5.4.)。難民問題におけるグローバルな「連帯」においてEUがそのような牽引力とまではならなくても、少なくとも、EUの選択と実験は、欧州が世界の他の多くの地域にお

ける庇護の実行へ対してもっている「輸出価値」(EVAL/04/98, UHNCR Inspection and Evaluation Service, Implementation of UHNCR's Strategy in the European Union, 1998, para.38.)の点からも注目に値すると思われる。

　本書は、書き下ろしであるが、その骨格となったのは、2007年度日本EU学会、2007年3月民主主義科学者協会法律部会春合宿国際法部会、2009年7月の京都大学における国際法研究会、2009年度中四国法政学会大会、2009年11月のUniversity of Lincolnでの国際会議 'EU as a Global Actor in the field of Human Rights' における各報告である。これらの機会において多くの国際法関係、また他分野の研究者の方々から貴重なご示唆をいただくことができたことは大変ありがたいことであった。とりわけ、恩師松井芳郎先生には名古屋大学法学部でゼミ生となって以来、大学院を終え職についた今日までご指導を賜った。深甚なる感謝を申し上げたい。浅学非才な私がこの世界の片隅で身を立てていけているのは、その薫陶のおかげにほかならない。また、大学院時代に佐分晴夫先生に受けた教えも、研究者としての私の根を形成した重要な要素であり、この機にお礼申し上げたい。また、日頃の会話から多様な知識やものの見方を教えてくれた広島大学の同僚にもお礼を述べたい。社会科学研究科という専門的な部署と、総合科学部という学際的な部署の2つにまたがって仕事をしているという立場は、時に苦労もあるが、人の移動というテーマに取り組んでいる私には、それぞれでの同僚に恵まれ得ることが多かったと思っている。その意味でも、特にお世話になった方々として、欧州の移民、難民、民族問題に関する共同研究のキャップである社会学のClaude Lévi Alvarès氏、ロシア語とウクライナ語で助けていただいた科学技術史の市川浩氏、ドイツ語を教えていただいた政治史の安野正明氏、ドイツの話にとどまらず多くのことをお教えいただいたドイツ文化史の佐藤正樹氏の名前をあげさせていただく。そして、国際法の西谷元氏が国内外にもつ幅広いネットワークと知見にも助けていただいた。また、この研究に携わる間あまり家庭を顧みることはできず、父子家庭状態にしてしまった夫、娘、息子には、逆にずいぶんと助けてもらい支えてもらった。私事ではあるが一言感謝を述べさせていただきたい。

　本書の研究には、次の補助金が使われている。広島大学研究支援金・拠点形成支援型「民族・宗教・文化の観点からする文明共存論研究の拠点形成のため

の予備的研究」研究分担者(平成18年度)、科学研究費補助金・基盤研究(C)「EUにおける庇護政策・難民法の発展とアジアへの影響・ネットワーク形成に関する研究」研究代表者(平成19-20年度)、科学研究費補助金・基盤研究(C)「現代ヨーロッパにおける民族・人種間コンフリクトの多角的研究」研究分担者(平成20-22年度)、財団法人旭硝子財団・研究奨励「EUにおける難民等受け入れについての負担および責任の分担に関する対外的側面」研究代表者(平成21-22年度)科学研究費補助金・基盤研究(C)「EUの共通庇護政策における難民等出身国および経由国との協力に関する研究」研究代表者(平成21-23年度)、そして、本書の刊行が可能となったのは、サタケ教育研究助成金・学術出版助成「統合ヨーロッパにおける難民問題」研究代表者(平成21年度)のおかげである。広島大学後援会(サタケ財団)事務局には、当初の予定より遅れた本書の刊行を支援し続けていただいたことに心から感謝を申し上げたい。そして、本書の製作にあたり、あらゆる面から相談にのっていただき支えてくださった東信堂の松井哲郎氏に心よりお礼を申し上げる。

闘病中の義母の回復を祈りつつ

2010年5月

著　者

# 索 引

## 【欧字】

Charitable Foundation "Rokada"　　153
December18　　172
ECRE (European Council on refugees and exiles)　　78, 169
EU運営条約　　21
EU基本権憲章　　23
EU憲法　　21
HIAS (Hebrew Immigrant and Society)　　153
IOM (International Organization for Migration：国際移住機関)　　151
ODYSSUES NETWORK (Academic network for Legal studies on immigration and asylum in Europe)　　76, 175
PICUM (Platform for International Cooperation on Undocumented Migrants)　　171
Söderköping Process　　153
T.I.対UK事件　　81, 108, 141
UNHCR (United Nations High Commissioner for Refugees、国連難民高等弁務官とその事務所)　　10

## 【ア行】

アエネアス・プログラム　　146
アサイラム・ショッピング　　40, 75, 91
アムステルダム条約　　xiv, 13, 105, 136
アムネスティ・インターナショナル　　91
安全な第三国　　121
委員会　　xv
域外審査　　135
移送の停止　　98
ウクライナ　　145

受け入れ指令　　　124

欧州移民・庇護協定　　　25

欧州議会　　　xv

欧州共通庇護制度　　　16

欧州近隣諸国政策(ENP)　　　148

欧州近隣諸国連携基金(ENPI)　　　148

欧州経済共同体(European Economic Community、EEC)　　　xiii

欧州経済協力会議(Committee for European Economic Co-operation、CEEC)　　　3

欧州経済協力機構(Organization for European Economic Co-operation、OEEC)　　　3

欧州原子力共同体(Euratom、European Atomic Community、ユーラトム)　　　xiii

欧州司法裁判所　　　xvii

欧州人権裁判所(European Court of Human Rights)　　　88, 107, 117

欧州人権条約(European Convention for the Protection of Human Rights and Freedoms)　　　8, 88, 109

欧州政治共同体(European Political Community)　　　3

欧州石炭鉄鋼共同体、(European Coal and Steel Communitiy、ECSC)　　　xiii

欧州難民基金　　　98, 103, 161

欧州庇護支援事務所　　　99

欧州防衛共同体(European Defense Community)　　　3

欧州理事会　　　xvii


【カ行】

外囲国境国　　　65, 95

拡大　　　xiv

家族の再統合指令　　　84

家族の統合　　　82

共通外交・安全保障政策(Common Foreign and Security Policy、CFSP)　　　xiv

ギリシャ　　　79, 114

グリーン・ペーパー「共通庇護制度の将来について」　　　24

警察・刑事司法協力(Police and Judicial Cooperation in Criminal Matters、PJCC)　　　xiv

拘禁　　　58, 85

コンベンション・プラス　　　iii, 138, 157

## 【サ行】

シェンゲン協定　　　6, 15, 41
シェンゲン実施協定　　　6, 15, 41
資格指令　　115
司法・内務協力（Justice and Home Affairs、JHA）　　　xiv, 8
主権条項　　　43, 58, 82
上訴　　85
人道条項　　　44, 58, 82
ストックホルム・プログラム　　　27, 144
「西部新独立諸国」　　　30, 143

## 【タ行】

第一次法　　　xvii
第三国定住　　　136, 157
第二次法　　　xvii
大量避難民の一時的保護　　　101
ダブリン規則　　　42
ダブリン・システム　　　39, 73
ダブリン実施規則　　　39
ダブリン条約　　　40, 53
単一欧州議定書　　　4
タンペレ理事会　　　16, 105, 136
地域保護プログラム　　　145
長期居住者である第三国国民の地位に関する理事会指令2003/109/EC　　　46
手続き指令　　　118
「同等の保護」理論　　　88

## 【ナ行】

難民条約（Convention Relating to the Status of Refugees）　　　8
難民保護への課題　　　138
ニース条約　　　xiv, 20
ノン・ルフールマン原則　　　58, 117

## 【ハ行】

ハーグ・プログラム　　18, 142
「庇護に関する政策プラン：EU全域を通じての保護の統合したアプローチ」　　25
庇護のたらい回し　　40
補完的な保護　　16, 115

## 【マ行】

マーストリヒト条約　　xix, 4, 8
南ウクライナ・ヤング・ロイヤーズ・センター（South Ukraine Center of Young Lawyers、SUCYL）　　153

## 【ヤ行】

ユーロダック　　39, 40, 51
ユーロダック規則　　39, 51
ユーロダック実施規則　　39, 51

## 【ラ行】

理事会　　xv
リスボン条約　　xiv, 21, 105
立法手続き　　xvi
リロケーション　　99
連合市民権　　6
連帯と移民の流れの管理　　105, 161
ローマ条約（Treaty establishing the European Economic Community）　　3

【著者紹介】
中坂 恵美子（なかさか えみこ）
名古屋大学法学部法律学専攻卒業、シェフィールド大学国際学専攻修士課程修了、名古屋大学大学院法学研究科前期・後期課程博士課程修了、M. A. in International Studies、修士（法学）、European University Institute客員研究員、広島大学総合科学部講師・助教授を経て、現在広島大学社会科学研究科准教授

[主要著書]
『人間理解のコモンセンス』（共編著、培風館、2002年）、「国際司法裁判所と国際紛争」（広島大学大学院総合科学研究科編、小和田恆・ロザリン・ヒギンズ著『平和と学問のために：ハーグからのメッセージ』、丸善、2008年、翻訳）、『人権入門：憲法／人権／マイノリティ』（横藤田誠・中坂恵美子著、法律文化社、2008年）、『ワークアウト国際人権法』（ヴォルフガング・ベネデック編／中坂恵美子・徳川信治編訳、東信堂、2010年）

---

難民問題と『連帯』―EUのダブリン・システムと地域保護プログラム―　　　〔検印省略〕
2010年 9月1日　初 版　第 1刷発行　　　　　　　　　※定価はカバーに表示してあります。

著者©中坂恵美子　　発行者　下田勝司　　　　　　印刷・製本／中央精版印刷

東京都文京区向丘1-20-6　　郵便振替00110-6-37828　　　　　　発行所
〒113-0023　TEL (03) 3818-5521　FAX (03) 3818-5514　　株式会社　東信堂

Published by TOSHINDO PUBLISHING CO., LTD
1-20-6, Mukougaoka, Bunkyo-ku, Tokyo, 113-0023, Japan
E-mail : tk203444@fsinet.or.jp

ISBN978-4-7989-0013-1　C3032　　©Nakasaka, Emiko

# 東信堂

|  |  |  |
|---|---|---|
| 国際法新講〔上〕〔下〕 | 田畑茂二郎 | 上 二九〇〇円／下 二七〇〇円 |
| ベーシック条約集（二〇一〇年版） | 編集代表 松井芳郎 | 二六〇〇円 |
| ハンディ条約集 | 編集代表 松井芳郎 | 一六〇〇円 |
| 国際人権条約・宣言集〔第3版〕 | 編集 松井芳郎・薬師寺・坂元・小畑・徳川 | 三八〇〇円 |
| 国際経済条約・法令集〔第2版〕 | 編集 松井芳郎・小原喜雄・小室程夫・山手治之 | 三九〇〇円 |
| 国際機構条約・資料集〔第2版〕 | 編集代表 香西茂・安藤仁介 | 三二〇〇円 |
| 判例国際法〔第2版〕 | 編集代表 松井芳郎 | 三八〇〇円 |
| 国際環境法の基本原則 | 松井芳郎 | 三八〇〇円 |
| 国際立法——国際法の法源論 | 村瀬信也 | 六八〇〇円 |
| 条約法の理論と実際 | 坂元茂樹 | 四二〇〇円 |
| 武力紛争の国際法 | 真山全編 | 一四二八六円 |
| 国連安保理の機能変化 | 村瀬信也編 | 二七〇〇円 |
| 海洋境界画定の国際法 | 村瀬信也編 | 二八〇〇円 |
| 国際刑事裁判所 | 村瀬信也・洪恵子編 | 四二〇〇円 |
| 自衛権の現代的展開 | 江藤淳一編 | 二八〇〇円 |
| 国際法から世界を見る——市民のための国際法入門〔第2版〕 | 村瀬信也 | 二八〇〇円 |
| 国際法／はじめて学ぶ人のための | 松井芳郎編 | 二八〇〇円 |
| スレブレニツァ——あるジェノサイドをめぐる考察 | 大沼保昭 | 三六〇〇円 |
| 海の国際秩序と海洋政策（海洋政策研究叢書1） | 小田滋 | 六八〇〇円 |
| 国際法と共に歩んだ六〇年 | 小田滋 | 六八〇〇円 |
| 国際法学の地平——歴史、理論、実証 | 中川淳司・寺谷広司編 | 三八〇〇円 |
| 21世紀の国際機構：課題と展望 | 栗林忠男・秋月弘子・中谷和弘編著 | 三五〇〇円 |
| 国際機構法の研究 | 位田隆一編 | 三三〇〇円 |
| ワークアウト国際人権法 | 中坂恵美子 | 八六〇〇円 |
| 〔21世紀国際社会における人権と平和〕（上・下巻） | 徳川信治編訳 | 三〇〇〇円 |
| 国際社会の法構造——その歴史と現状 | 編集代表 山手治之・香西茂之 | 五七〇〇円 |
| 現代国際法における人権と平和の保障 | 編集代表 山手治之・香西茂之 | 六三〇〇円 |

〒113-0023 東京都文京区向丘1-20-6
TEL 03-3818-5521　FAX 03-3818-5514　振替 00110-6-37828
Email tk203444@fsinet.or.jp　URL:http://www.toshindo-pub.com/

※定価：表示価格（本体）＋税